中國學術思想研究輯刊

三一編

林慶彰主編

第11冊

七子視界
——先秦哲學研究（修訂版）（中）

魏義霞 著

花木蘭文化事業有限公司

國家圖書館出版品預行編目資料

七子視界——先秦哲學研究（修訂版）（中）／魏義霞 著 — 初版 — 新北市：花木蘭文化事業有限公司，2020〔民109〕

目 6+174 面；19×26 公分

（中國學術思想研究輯刊 三一編；第11冊）

ISBN 978-986-518-001-0（精裝）

1. 先秦哲學 2. 研究考訂

030.8 109000267

中國學術思想研究輯刊

三一編 第十一冊 ISBN：978-986-518-001-0

七子視界——先秦哲學研究（修訂版）（中）

作　　者 魏義霞

主　　編 林慶彰

總 編 輯 杜潔祥

副總編輯 楊嘉樂

編　　輯 許郁翎、張雅淋 美術編輯 陳逸婷

出　　版 花木蘭文化事業有限公司

發 行 人 高小娟

聯絡地址 235 新北市中和區中安街七二號十三樓

電話：02-2923-1455／傳真：02-2923-1452

網　　址 http://www.huamulan.tw 信箱 hml 810518@gmail.com

印　　刷 普羅文化出版廣告事業

封面設計 劉開工作室

初　　版 2020年3月

全書字數 438328字

定　　價 三一編25冊（精裝）新台幣50,000元

七子視界
——先秦哲學研究（修訂版）（中）

魏義霞 著

目次

上冊

中　冊

第十二章　墨子的功利訴求與墨學衰微的原因

墨子創立的墨家學派在先秦的百家爭鳴中異軍突起、卓然超群，與儒家並稱「顯學」。在秦漢之後，墨學急劇式微，乃至成為絕學。對此，人們不禁要問：究竟是什麼原因使墨學在秦漢的衰落與儒學的顯赫形成強烈的反差？借助墨子的功利觀，可以窺視墨學的命運之謎。

第一節　「興天下之利」的立言宗旨和行為動機

閱讀《墨子》一書，給人印象最深的莫過於「興天下之利」。這句話的使用頻率之高、出現次數之多給人留下了難忘的印象。在《天志》、《兼愛》、《非樂》和《明鬼》等篇中，墨子曾經連篇累牘、不厭其煩地使用或論證了這一命題。對於「興天下之利」，墨子的原初表述有多個版本。下僅舉其一斑：

> 仁人之所以為事者，必興天下之利，除去天下之害。（《墨子·兼愛中》）
>
> 仁之事者，必務求興天下之利，除天下之害。（《墨子·非樂上》）
>
> 今天下之王公大人士君子，中實將欲求興天下之利，除天下之害。（《墨子·明鬼下》）
>
> 故古者聖王，……以求興天下之利，而除天下之害。（《墨子·天志中》）

這些評論顯示，墨子對「興天下之利」的具體表述儘管存在細微差異，卻有一個共同點，那就是：除了與「除天下之害」如影隨形之外，「興天下之利」的主語都是在上者、屬於精英階層——或者是仁者，或者是王公大人士君子，或者是「古者聖王」。墨子眼中的「興天下之利」者，除了文化精英、政治精英，就是道德精英，總之，與普通百姓無關。

其實，墨子出身於小手工業者階層，作爲下層民眾的思想代表，他的思想中的平民意識和爲民請願的成分很多。然而，作爲現實的功利主義者，墨子思「興天下之利」之想，踐「興天下之利」之履，冀「興天下之利」之效。墨子思想的內在邏輯構架便是從利之動機出發，運用利之手段，達到利之目的，即利—→利—→利的逐層綻放和展開。墨子始終以「興天下之利」行事，利是墨子一切理論的立言宗旨和一切行爲的最終目標。「興天下之利，除天下之害」是墨子考慮問題的出發點，也是他追求的行爲目標和最終結果。

以興利爲價值目標和思維邏輯建立起來的理論體系必然以功利爲立言宗旨，立言宗旨中的功利訴求又進一步決定了他的理論效果的功利目標。墨子的所有言論和主張——從「天志」「明鬼」「非命」「非樂」「尚賢」「尚同」「節葬」到「節用」都內涵著功利的立言宗旨、精神意蘊和價值取向，都可以歸於利之麾下。不僅如此，爲了突出利的權威性和崇高性，墨子把利說成是上天之志，從本體哲學的高度爲利立法；爲了張揚利的價值、肯定利的正當性和合理性，墨子把利寫進眞理觀——「三表」法，斷言眞理性的認識和正確行動必然能夠給國家和百姓帶來實際利益，從價值哲學和認識哲學的角度爲利張目。此外，墨子在人生哲學領域把利視爲人生的追求目標和意義所在，「義，利也」的說法使他的道德哲學籠罩在功利主義的氛圍之中；在政治哲學中，墨子對利的一切設想和「預謀」變成了實際行動。這表明，從本體哲學、認識哲學、人生哲學、道德哲學到政治哲學，墨子的整個思想體系統一於利。利不僅是墨子思想體系的核心，而且顯示了墨子思想的內在統一性。

第二節　「爲天之所欲」和「兼相愛，交相利」的謀利之方

確立了「興天下之利」的立言宗旨和行爲動機，便有了人生追求的價值目標。從本質上說，無論價值取向、行爲動機還是思維原則之利都是思想觀念形態的「預謀」或「設想」，要使利從潛在的、內涵的情感傾向和觀念形態

變爲顯露的、外在的實際行動，並獲得實際效果，必須經過一個中介——實踐操作。這使謀利之方成爲墨子功利思想的重要內容之一，也使分析謀利之方成爲解讀、評價墨子功利思想的重要依據和前提。

從整體上說，墨子的思想是入世的而非出世的，是現實的而非理想的。墨子所講的利範圍極其寬泛，主體涉及天、鬼和人多個層面。總的說來，墨子最爲關注、講得最多的還是人之利。人是什麼？在這方面，戴著有色眼鏡、用功利的眼光和邏輯看世界的墨子，把人抽象成利益之人，把人的所有關係都看成是利益關係——人與人之間是利益關係，人與天、鬼之間也是一種利益關係。

對人的獨特界定是墨子謀利之方的哲學依據和理論前提。正是基於對天與人和人與人之關係的理解，墨子試圖從兩個方面入手實施自己的謀利計劃。

一、天與人的關係層面——「爲天之所欲」

墨子強調，天與人之間的關係受功利的驅使和制約，歸根結底是一種利益關係——天欲人爲天之所欲，並享受人之祭祀；人慾獲天賞，並得福得富。天與人之間的利益關係決定了人在處理與上天的關係時必須動之以利，其中的一項重要內容就是以各種財物或禮品祭祀天、鬼。對此，他寫道：「故古者聖王明天鬼之所欲，不避天鬼之所憎，以求興天下之利，除天下之害。是以率天下之萬民，齊戒沐浴，絜爲酒醴粢盛，以祭祀天鬼。其事鬼神也，酒醴粢盛不敢不蠲潔，犧牲不敢不腯肥，珪璧幣帛不敢不中度量，春秋祭祀不敢失時幾，聽獄不敢不中，分財不敢不均，居處不敢怠慢。」（《墨子·尙同中》）

這明白無誤地顯示，墨子認爲聖王在明天、鬼之所欲的前提下，爲了取悅天、鬼而率領天下百姓祭祀之。值得注意的是，按照墨子的說法，古代聖王祭祀和取悅天、鬼不僅僅是出於尊重，還有討好、「行賄」之嫌——最終目的是博取天、鬼之賞。這表明，天（鬼）與人之間是一種利益關係，正如祭祀天、鬼的結果是人與天、鬼的互惠互利一樣：一方面，人得以「興天下之利，除天下之害」。另一方面，天享受人的祭奉，如蠲潔的酒醴粢盛、腯肥的犧牲、中度量的珪璧幣帛、適時的春秋祭祀等等，此外還有天之意志的貫徹。這是天人雙贏和互利互惠的事情。這從一個側面表明，天在墨子的視界中是人的精神膜拜的對象，更主要的是人的利益共同體。與此相一致，墨子「法天」不僅出於對上天的頂禮膜拜，而且出於利益的考慮。換言之，天與人的利益關係決定了人必須到上天那裡主張自己的利益，處理好與天的關係是人獲利的前提。

進而言之，既然墨子認爲天與人之間是一種利益關係、人之謀利離不開天，那麼，在天人互利互惠的利益共同體中，誰主誰從？究竟是人同於天還是天同於人？對於這些問題，墨子循著天本論的邏輯選擇了後者，讓人上同於天。他指出，天是宇宙間最高貴、最智慧的存在，人之行爲「莫若法天」。對於如何「法天」，墨子寫道：「既以天爲法，動作有爲，必度於天。天之所欲則爲之，天所不欲則止。」（《墨子・法儀》）這清楚地表明，法天就是人的一切行爲都以天爲法——用上天的意志來衡量一切善惡是非、判斷一切曲直美醜；具體辦法是，上天喜歡的便做，上天不喜歡的便止。這用墨子本人的話說便是：「『我有天志，譬若輪人之有規，匠人之有矩。』輪匠執其規矩，以度天下之方圓，曰：『中者是也，不中者非也。』」（《墨子・天志上》）在他看來，正如工匠不以規矩無以成方圓一樣，上天之志是人的行爲規矩；人的行爲只有以「天志」爲志，才能中規矩，成方圓，得善果。

接下來的問題是，既然人的行爲「莫若法天」、一切應該以上天的意志爲意志，天之所欲則爲，天所不欲則止，那麼，天究竟何志之有？天之所欲和天所不欲又是什麼？人何爲得天賞？何爲遭天罰？對此，墨子三番五次地解釋說：

> 然則天亦何欲何惡？天欲義而惡不義。然則率天下之百姓以從事於義，則我乃爲天之所欲。（《墨子・天志上》）

> 然而天何欲何惡者也？天必欲人之相愛相利，而不欲人之相惡相賊也。（《墨子・法儀》）

> 順天意者，兼相愛，交相利，必得賞。反天意者，別相惡，交相賊，必得罰。（《墨子・天志上》）

這表明，「欲義」「兼愛」（「欲人相愛相利」）和「非攻」（「不欲人相惡相賊」）是上天之志。除此之外，墨子還把「尙同」、「尙賢」等說成是天之所欲，並斷言人行之必得天賞，獲得好處；不行必遭天罰，利益受損。如此說來，「法天」、上同於天與其說是人的一種道德操守，不如說是人與天的一種利益交換。例如，墨子解釋說，「兼愛」是天之所欲，福祿是我之所欲。因爲我行「兼愛」，天予我以福祿，所以，我才「兼愛」。這樣一來，「兼愛」只是人上同於天、順天、法天的一種方式，甚至可以說，人之所以「兼愛」，只不過是敬畏上天、討好上天的一種權宜之計而已。由於「兼愛」總是緊緊圍繞著「交相利」這個終極目的展開、並且受制於後者，因此，爲獲天賞，必行「兼愛」。至於墨子提出的「非攻」、「貴義」、「尚同」、「尚賢」等，也莫不如此。

總之，按照墨子的設想，在人與天的利益關係中，人處理與上天的關係只能採取利益交換的方法。這用他本人的話說便是：「我爲天之所欲，天亦爲我所欲。」（《墨子・天志中》）與此同時，由於天是天人利益關係中的主導方面，爲了讓天爲我所欲——滿足我的利益要求，我必須先滿足天的利益要求——「爲天之所欲」。這是墨子謀利的主要手段和基本邏輯，也使人爲天之所欲成爲最基本的謀利之方。

二、人與人的關係層面——「兼相愛，交相利」

墨子用功利的眼光審視世界、考察人際關係，把人與人乃至君與臣、父與子之間的關係都歸結爲利益關係。正是在這個意義上，他斷言：「故雖有賢君，不愛無功之臣；雖有慈父，不愛無益之子。」（《墨子・親士》）這就是說，作爲人的最終目標和行爲鵠的，利時時昭示著人的言行，左右著人的視線。毫無例外，人的全部關係都是利益關係，利是唯一的衡量法碼。循著墨子的邏輯，人總是從功利的角度去審視、處理人際關係，具有至愛親情的父子之間尚且如此，對於沒有血緣關係、萍水相逢的路人而言，彼此之間的關係更是可想而知了。

可以看到，墨子尤其強調君臣、上下之間的利益關係。例如，墨子主張「尚賢」，要求上者——王公大人不分門第、親疏任用賢能之士。值得注意的是，在他的視界中，王公大人與賢能之士之間是互利互惠的利益關係：一方面，王公大人舉賢而用不是出於公正、廉潔或賢明，而是出於利的考慮，即賢德之士可以爲國家帶來好處。他堅信：「則王公大人明乎以苟尚賢使能爲政，是以民無饑而不得食，寒而不得暖，勞而不得息，亂而不得治者。」（《墨子・尚賢中》）依據墨子的設想，賢能才俊具有非凡本領或一技之長，他們得到重用可以改善國家的經濟和政治狀況。因此，「尚賢」是上可利天、中可利鬼、下可利人的三利之舉：「惟法其言，用其謀，行其道，上可而利天，中可而利鬼，下可而利人，是故推而上之。」（《墨子・尚賢下》）另一方面，「尚賢」對於賢能之士同樣有利可圖，他們一旦被舉尚，便可獲得社會的尊敬、社會地位的提高、經濟待遇的改善和物質財富的獎勵。

基於對人與人關係的利益還原和處理人際關係的利益原則，墨子試圖從人際關係入手策劃謀利之方：一面把天下之害歸結爲人與人關係的惡化和失調，從調整和改善人際關係入手運籌謀利之方；一面提倡新型、正確的人際關係，以「兼相愛」謀「交相利」。「非攻」主要體現了前者，「兼愛」則側重於後者。

首先，墨子始終以「興天下之利」爲志。

利與害是相輔相成的、興利與除害是一個問題的兩個方面。所以，在墨子的表述中，「興天下之利」總是與「除天下之害」出雙入對、形影不離。更爲重要的是，他強調，要興天下之利，必須先除天下之害；爲了眞正剷除天下之害，必須先弄清天下之害是什麼。對于天下之害是什麼，墨子的回答是：「若大國之攻小國也，大家之亂小家也，強之劫弱，眾之暴寡，詐之謀愚，貴之敖賤，此天下之害也。人與爲人君者之不惠也，臣者之不忠也，父者之不慈也，子者之不孝也，此又天下之害也。又與今人之賤人，執其兵刃、毒藥、水火以交相虧賊，此又天下之害也。」（《墨子・兼愛下》）

在明確天下之害是什麼的基礎上，墨子對之進行了透視和分析，指出天下之害是「虧人自利」的結果。對此，他剖析說：「當察亂何自起，起不相愛。臣子之不孝君父，所謂亂也。子自愛，不愛父，故虧父而自利；弟自愛，不愛兄，故虧兄而自利；臣自愛，不自愛君，故虧君而自利。此所謂亂也。雖父之不慈子，兄之不慈弟，君之不慈臣，此亦天下之所謂亂也。父自愛也不愛子，故虧子而自利；兄自愛也不愛弟，故虧弟而自利；君自愛也不愛臣，故虧臣而自利。是何也？皆起不相愛。」《墨子・兼愛上》）

從墨子的分析中可以看出，天下之害和天下之亂皆發端於極端的自私自利，虧人自利不僅導致了大國與小國、大家與小家之間的攻亂，而且導致了強與弱、眾與寡、詐與愚、貴與賤之間的相別。更有甚者，虧人自利還是君臣父子不惠不忠不慈不孝的罪魁禍首和盜賊滋生的犯罪根源。如此說來，天下所有的禍害都源於人際關係的惡化、失調和異化，只有調整和改善人際關係，才能免除天下之害。對此，墨子指出，「天下之害」皆「以不相愛生」，爲了根除天下之大害，必須「兼愛」。「兼愛」的原則和作用就是「兼以易別」（《墨子・兼愛下》），也是墨子找到的「興天下之利」的根本途徑和治天下的最好辦法。他堅信：「若使天下兼相愛，國與國不相攻，家與家不相亂，盜賊無有，君臣父子皆能孝慈，若此，則天下治。」（《墨子・兼愛上》）對於墨子來說，「兼愛」既有醫治國家攻亂和盜賊蜂起之功，又有確保君臣父子關係和洽之效。既然如此，難怪墨子將平治天下的希望寄託於「兼愛」，進而得出了如下結論：「故聖人以治天下爲事者，惡得不禁惡而勸愛？故天下兼相愛則治，相惡則亂。」（《墨子・兼愛上》）

其次，如果說「非攻」是面對天下之害不得不爲的、消極的謀利之方的話，那麼，「兼愛」、建立新型的人際關係則帶有某種理想的成分。一方面，「兼愛」是根除天下之害的良藥，因爲「兼愛」的基本要求就是「兼愛天下之人」（《墨子・天志中》），爲了醫治虧人自利的局面必須實行之。另一方面，「兼愛」是新型、合理的人際關係，只有「兼愛」才能大家共同獲利。

墨子強調，正如素絲染之蒼則蒼、染之黃則黃一樣，國與士皆有所染。這就是說，在周圍環境的影響和他人的感染下，人會有所染而改變——受人之害者會學壞而害人，從被害者變爲害人者；受人之恩者會變好而愛人，從受益者變爲施利者。反過來也是一樣，害人賊人者必被他人所賊害，愛人利人者必被他人從而愛之利之。這表明，在人與人的利益關係中，雙方之間是互動的。在這裡，墨子想要說的是，我愛人，人必從而愛我；我利人，人必從而利我。循著這個邏輯和思路，通過——也只有通過先愛人、利人，然後自己才能被愛和獲利。於是，墨子斷言：「愛人者，人亦從而愛之；利人者，人亦從而利之。惡人者，人必從而惡之，害人者，人必從而害之。」（《墨子・兼愛中》）

大致說來，墨子所講的「兼愛」包括兩層基本內涵：第一，從邏輯上講，他人之利是自己之利的前提，人的利益必須在與他人的利益交換中、通過互利才能得以實現。第二，從時間上看，在與他人進行利益交換時，自己與他人之利有個先後秩序，所遵循的原則是：他人利益在先，我之利益在後。這表明，要想獲取別人的愛，必須先給予別人愛；你先給予他人愛，他人也會以愛來回報你。正因爲如此，墨子指出，爲了自利，我必須先利他人；爲了得到他人的愛，我必須先去愛他人。對此，他斷言：「即必吾先從事乎愛利人之親，然後人報我以愛利吾親也。……《大雅》之所道，曰：『無言而不仇，無德而不報。投我以桃，報之以李。』」（《墨子・兼愛下》）這清楚地表明，墨子提倡的「兼愛」決不是無償的，我之所以愛利天下之人，就是爲了收穫天下人愛我利我之效果。在這裡，愛人是爲了人愛，利人是爲了人利，最終追求還是爲了自己得利。這套用墨子的話語結構便是，只有「兼相愛」才能「交相利」。換言之，只有在與他人的「兼相愛」和「交相利」中，我才能受利、獲利和享利。正是由於這個原因，「兼相愛」成為墨子謀利的主要手段之一。

在墨子的思想體系中，「非攻」和「兼愛」不僅是處理人與人而且是處理天與人關係的基本原則，而且是謀利方法。這是因為，二者本身就是上天之志，為之必得天賞——獲利，不為必遭天罰——損利。對此，他曾明言相告：「愛人利人者，天必福之；惡人賊人者，天必禍之。」（《墨子・法儀》）正是由於這個原因，「兼愛」和「非攻」在墨子的謀利之方中具有了雙重屬性和意義，因此成為最主要的謀利手段和方法。

除此之外，「尚同」和「尚賢」也在墨子的謀利之方中佔有重要的一席之地：第一，二者是天之所欲，從天人關係的角度考慮應該行之。墨子宣稱：「今若天飄風苦雨，溱溱而至者，此天之所以罰百姓之不上同於天者也。」（《墨子・尚同上》）第二，「尚同」和「尚賢」是新型的人際關係和社會的組織原則，即使拋開上天的強制，也應該實行。這些都使「尚同」和「尚賢」成為墨子謀利不可缺少的必要手段。第三，更為重要的是，「尚同」對於「兼愛」「非攻」和「尚賢」的貫徹、實施提供了重要保障。墨子呼籲「尚同」，強調下者對上者的絕對服從——在下者必須以在上者的是非為是非：「上之所是，必亦是之；上之所非，必亦非之。」（《墨子・尚同中》）所謂「尚同」，即同於上：在天與人的關係層面，人同於天；在君王與臣民的關係層面，眾同於君。根據「尚同」的原則和思想，墨子把希望寄託於君主的命令和好惡，相信只要君主提倡，上行下效，「兼愛」、「非攻」和「尚賢」很快便會成為一種時尚風行天下。為此，墨子列舉晉王、楚王和越王的例子說明了「苟君悅之，則眾能為之」（《墨子・兼愛中》）的道理。

第三節　「觀其中國家百姓人民之利」與利之主體

確立了追求利的行為目標，又有了達到這一目標的謀利之方，接下來的問題是：這一目標為了誰？由誰完成？換言之，墨子所講的利之主體究竟是誰？墨子始終以謀利為己任，那麼，究竟由誰去謀利？為誰謀利？這些問題的答案在墨子的立言宗旨和謀利之方中已經初露端倪。在作為立言宗旨和行為目標的那句名言——「興天下之利」中，就已經袒露出墨子談利的宏大背景和博大胸襟。墨子對天與人、人與人利益關係的釐定和在此基礎上的謀利之方更注定了利之主體不可能是單一的。墨子所興、所謀和所享之利既是為了人類，也是爲了天、鬼；既是爲了天下、國家等群體，也是爲了父子君臣等個人。正因爲如此，墨子所講的利之主體頗爲複雜，並且呈現出多元化態勢。

一、天、鬼、人三利

墨子熱切地追逐功利，卻決不會因爲熱衷於功利而自私自利。恰好相反，墨子反對「虧人自利」。在對利的追求中，他始終遵循利益共享原則，要求國家的行政措施和人們的日常行爲「上中天之利，而中中鬼之利，而下中人之利」(《墨子・非攻下》)。墨子十分重視利益兼顧，要求「三利（指天、鬼和人三方面的利益——引者注)，無所不利。」(《墨子・天志上》）在他看來，眞正的利應該是利益均霑，也就是天、鬼、人利益共享。由此可見，墨子講利時，把符合天、鬼的利益納入自己的視野進行考慮和權衡——不僅關注人之利，而且關注天、鬼之利。這清楚地表明，墨子所講的利之主體不僅有人，而且有天、鬼。後者同樣不可缺少：第一，從人與天、鬼的利益關係和謀利之方中可以看出，在天、鬼與人構成的利益共同體中，天、鬼是根本方面。第二，從本原和邏輯上講，天、鬼獲利是人獲利的前提條件。從這個意義上說，只有天、鬼先成爲利益主體，人才可能成爲利之主體。更爲重要的是，天不僅是享利主體，而且是施利主體。作爲宇宙間的最貴最知者，上天在自己意志的支配之下創造了自然界的四時變化、日夜更替和霜雪雨露、山川河流，「從事乎五穀麻絲，以爲民衣食之財。自古及今，未嘗不有此也」(《墨子・天志中》)。這說明，人之利掌握在上天手中，歸根結底是上天賜予的。正因爲如此，墨子在闡述和論證自己的主張時，除了符合人之利以外，還以符合或損害天、鬼之利作爲說服憑證。可以作爲證據的是，墨子對「兼愛」、「尙賢」的提倡和對攻伐的反對都貫徹了這一衡量標準。

如此說來，墨子的利之主體既有天、鬼，又有人類。有鑑於此，墨子不僅爲人類謀利，而且爲天、鬼謀利。這體現了墨子思想的宗教色彩。其實，當墨子以天爲本、高喊「天志」和「明鬼」時，已經給自己的本體哲學蒙上了厚重的宗教外衣。具有意志和追求利益的上天儼然成了一尊人格之神，活靈活現、暗中監察的鬼神則加重了上天的宗教色彩。墨子把天、鬼視爲利之主體與他的本體哲學是一脈相承的：既在本體哲學的高度爲利立法，增強利的至高性和權威性；又滿足上天的宗教訴求，增加上天的眞實性，並拉近了天、鬼與人之間的距離。

二、側重人之利

從根本上講，墨子的思想是入世的而非出世的。作爲現實主義者，墨子關注最多的還是人之利，最大的利益主體是人類。在墨子那裡，滿足天、鬼之利不是目的——至少不是主要目的，眞正的目的是滿足人之利。前者（天、鬼之利）不過是手段，後者（人類之利）才是目的。因此，人類才是墨子所講的最大也是最主要的利之主體。

具體地說，就人類這個利益主體而言，墨子所關注的既有天下、國家等群體，也有王公大人、普通百姓、君臣父子和人己等個體。「興天下之利，除天下之害」中的「天下」在意指包括王公大人、普通百姓在內的天下所有人之個體的同時，兼指天下、國家等群體。在此，國家與百姓作爲群體與個體的標識均是墨子所講的利之主體。與此相一致，在他對利害的闡釋中，天下之治亂興衰、國家之安危兼別等成爲關注的焦點之一。不僅如此，在判斷眞理、是非的「三表」法中，墨子宣稱：「於何用之？廢之以爲刑政，觀其中國家百姓人民之利。」（《墨子・非命上》）這個說法明確把國家的群體利益置於重要地位。値得注意的是，墨子不僅張揚國家之利，而且關注弱勢群體，把百姓之利寫進「三表」法體現了墨子思想的平民意識。

就個體而言，墨子所講的利之主體既有王公大人，又有普通百姓；既有尊長者——君、父，又有卑幼者——臣、子。尤爲難能可貴的是，在抨擊臣虧君自利和子虧父自利、要求臣待君以忠和子事父以孝的同時，墨子把父虧子自利、君虧臣自利也說成是產生不幸和罪惡的根源，進而要求父對子以慈、君對臣以惠，藉此使父子、君臣雙方互利互惠。這流露出人格獨立和利益平等的思想傾向。此外，墨子所講的個人之利既有己之利，又有人之利。他人之利也在墨子的考慮之列。對於墨子來說，正如天與人的利益關係決定了天之利是人之利的前提一樣，人與人的利益關係注定了只有先使他人獲利、先對他人利之愛之，自己才能獲利——被他人所利所愛。道理很簡單，自己所受之李是用自己所投之桃換來的。

總之，在利之主體的遴選上，天、鬼和人之利的兼顧使墨子功利觀的構築擁有了宏大的敘事背景，對群體和他人利益的兼顧則流露出人性善良之光。墨子認爲，人人都自利，都在爲自己謀利，這是正當的，更是無可厚非的。儘管如此，人決不可以因爲自己之利而損害或妨礙他人之利；恰好相反，只有先讓他人獲利，自己才能獲利——因爲自己與他人處於利益共同體之中。他人、國家乃至天下之利的博大胸懷拉開了墨家之利與法家自私自利的學術分野，並決定了墨家與法家迥然不同的謀利之方。一言以蔽之，主體的多元化既表達了墨家追求功利的美好願望，又堵塞了極端自私自利的可能性。

第四節　「衣食之財」與利之內涵

對於利，墨子界定說：「利，所得而喜也。」（《墨子・經上》）這表明，從價值上看，利具有滿足利益主體需要的功能和屬性。對於墨子而言，確立了利之目標，選定了謀利手段，遴選了利之主體之後，利爲何物或興何之利便成爲迫切的理論和實踐課題。

一、群體之利

上述介紹和分析顯示，從利之主體來看，墨子所講的利是寬泛的，包括天之利、鬼之利和人之利。其中，人之利又可以細分爲天下和國家在內的群體之利，以及王公大人、普通百姓、君臣父子和人己等個體之利。那麼，對於這些不同的利益主體而言，利究竟是什麼？不同的利益主體究竟希望或能夠獲得何種之利？

天之利的內容主要包括兩個方面：第一，「天志」得以實現，即上天的種種欲望——如「欲義」「兼愛」「非攻」「尚同」「尚賢」等得到滿足和貫徹實施。第二，享受人類以時以禮的祭祀。其中，第二方面也是墨子所講的鬼之利的主要內容。

在群體之利中，墨子始終聚焦天下之利。他追求的天下之利側重國與國、家與家之間的關係，主要指「國都不相伐，人家不相亂賊」（《墨子・非命上》）。按照墨子的說法，仁者「務求興天下之利」。對于天下之利的內容，他解釋說：「仁者之爲天下度也，……天下貧，則從事乎富之；天下寡，則從事乎眾之；眾之亂，則從事乎治之。」（《墨子・節葬下》）其中，貧富、寡眾指物質供給和人口狀況，主要是經濟指標；亂治指社會秩序和安危明暗，主要指政治狀況。更爲重要的是，墨子把天下太平視爲天下之利的根本，對於「天下治」寄予深切的渴望，尤其嚮往「非攻」，視消弭戰爭、攻伐而天下太平爲天下之大利。

在墨子所講的群體之利中，包括國家之利與天下之利。二者既相區別，又相聯繫：第一，從內涵上看，天下之利的外延比國家之利的外延大，因爲天下包涵國家在內。正因爲如此，國家與國家之間的關係成爲天下之利不可缺少的一個方面。第二，從根本上說，天下之利與國家之利都是一種群體之利，都不同於個人之利。一方面，墨子強調，國家之利有別於天下之利。例如，他將國家之利歸結爲「國家之富，人民之眾，刑政之治」（《墨子・非命上》），表明天下之利並不只限於國家與國家之間的關係。另一方面，墨子所講的國家之利與天下之利在某些方面是重合的，在重視經濟利益和政治環境上則別無二致。

二、個人之利

對於個體之利，鑒於當時衣食無保、勞動還被異化爲謀生手段的實際情況，作爲平民階層的代表，墨子講利主要側重於保證「人之道」——人的生存和生活權利，這使保障「衣食之財」成爲墨子所講的個人之利的最主要的內容。就「衣食之財」而言，墨子之利不奢求吃好、穿美，只求百姓都能吃飽穿暖就足夠了。眾所周知，衣服既有保暖功能、又有人文價值，食物既有充饑功能、又有審美價值。迫於生產力低下而難以兼顧的實際情況，他只能爲了前者而忽視甚至排斥後者。墨子對衣食的取捨如此，對住行的態度也不例外。例如，對於宮室、甲兵和舟車等，墨子同樣把確保其使用價值奉爲當務之急。對此，他提出的標準是：「是故用財不費，民德不勞，其興利多矣。……凡爲衣裳之道，冬加溫，夏加清者。……其爲宮室何以爲？冬以圉風寒，夏以圉暑雨，有盜賊加固者。……凡爲甲盾五兵，加輕以利，堅而難折者。……凡爲舟車之道，加輕以利者。……凡其爲此物也，無加用而爲者。」（《墨子・節用上》）

問題到此並沒有結束，墨子對衣食住行之利的取捨可以推而廣之到生活的所有方面。他強調：「凡是以舉給民用，則治。諸加費不加於民利者，聖王弗爲。」（《墨子・節用中》）這表明，墨子所講的利注重實用和使用價值，只要能夠滿足最低的生活標準就足夠了。至於那些費時、費財、費力的審美價值或並不直接影響生命的心理需要以及滿足這些需要的利，顯然不屬於墨子所講的利之範疇。

更有甚者，墨子認爲，所謂良寶是因爲可以給人帶來實際利益，如果沒有實際用處便不是良寶。正是在這個意義上，他宣稱：「所謂貴良寶者，爲其可以利也。而和氏之璧、隋侯之珠、三棘六異不可以利人，是非天下之良寶也。」（《墨子・耕柱》）這更加明確地表明，在墨子的視野中，所有利主要取決於經濟價值和政治價值，藝術、道德、審美等精神追求沒有價值可言，這些方面的需要滿足不可視爲利。《墨子》書中的一則故事形象地展示了墨子的這種功利觀。據《墨子》書載：

> 公輸子削竹木以爲鵲，成而飛之，三日不下，公輸子自以爲至巧。子墨子謂公輸子曰：「子之爲鵲也，不如翟之爲車轄，須臾劉三寸之木，而任五十石之重。故所爲巧，利於人謂之巧，不利於人謂之拙。」（《墨子・魯問》）

這再次表明，墨子所講的利主要是經濟之利和政治之利，圍繞著人的生存環境和物質、生理方面展開。換言之，在界定利之內涵的過程中，墨子對天下、國家等群體之利與個體之利的規定並不相同，卻讓二者貫穿著一個相同的原則，那就是：重視物質和經濟之利，漠視精神和道德之利。這決定了墨子所講的利注重和平氛圍和政治環境，基本上侷限於政治清明——天下治、經濟條件的改善、物質生活的提高（溫飽）等方面，精神和道德內涵極爲單薄。

墨子對利之範圍的框定和劃界在對「萬民之利」的闡釋中表現得尤爲明顯和突出，提出的「非樂」的理由更是將對利之實用內涵的彰顯推向了極致。墨子之所以主張「非樂」，是因爲他認爲樂「下度之不中萬民之利」。從墨子所舉的例子中可以看見，「非樂」具有多方面的原因，主要原因在於：第一，樂無補於萬民的「衣食之財」，沒有解決國之相攻、家之相伐和人之相賊的實際用處。第二，製作樂器勞民傷財、欣賞音樂荒廢自己分內的工作。墨子提出，如果將精力放到製作樂器或欣賞音樂上，勢必導致王公大人荒於治理朝政，各級官員無暇顧及各種行政事物，農夫不事耕稼，婦女不事紡織。顯而易見，這些都會給國家的政治安定和經濟發展帶來致命破壞。基於這種認識，墨子大聲疾呼「非樂」。在這裡，墨子立論的標準是政治價值和經濟價值，始終沒有涉及文化價值、藝術價值和陶冶操行性情方面的教育價值或其他價值。與此相聯繫，墨子所列舉的人之憂患都是物質和生理之患，而無精神和心理之患。例如，墨子對百姓的憂患如是說：「民有三患：饑者不得食，寒者不得衣，勞者不得息。」（《墨子・非樂上》）

並不限於「非樂」，墨子對「尚賢」的設想同樣流露出對利之內涵的理解。

墨子主張「尚賢」，提倡不分親疏、門第擢舉賢能之士從事行政管理工作。爲了更好地「尚賢」，墨子提出的辦法是，對有一技之長的賢德之人「必將富之，貴之，敬之，譽之」（《墨子・尚賢上》）。按照墨子的設想，爲了更好地尚賢、使能和親士，必須提高賢者的待遇，用利來籠絡人才。就墨子給出的條件來看，有經濟待遇（富、貴）的改善，也有社會地位（敬、譽）的提升。值得注意的是，墨子把經濟待遇和物質利益看得很重，反覆申明只給賢者空名而無實際好處、有名分還不夠，社會地位一定要伴著經濟地位的提高才有意義。這用他本人的話說便是：「夫高爵而無祿，民不信也。」（《墨子・尚賢中》）墨子「尚賢」的具體做法和給予賢者的待遇與他所理解的利之內涵密切相關，側重實際利益。

墨子對利的理解和側重具有經驗主義傾向，更準確地說，受制於注重經驗的眞理觀、價值觀。在眞理觀上，墨子提出了「三表」法，宣稱「言有三表」，「有原之者」是「三表」之一。具體地說，「於何原之？下原察百姓耳目之實。」（《墨子・非命上》）墨子把老百姓日常生活中耳濡目染的經驗事實作爲判斷眞理的標準之一，不僅表明對於現實的人而言功利不可或缺，而且暗示了墨子之利的狹隘性——側重滿足耳目之需，對於滿足心之需要的精神、審美、道德和教育價值及功能關注不夠，乃至漠視和忽視之。與此相一致，就利之內涵來說，墨子無論對包括天下之利、國家之利在內的群體之利還是個人之利的設想都很少提及文化、審美或道德等精神文明方面的內容。

第五節　墨家的功利訴求與衰微原因

墨家追逐功利的立言宗旨和行爲追求使其思想主張與儒家、道家相去甚遠，卻拉近了與法家的距離。在諸子百家之中，爲利張目的主要是墨家和法家。一方面，在先秦諸子中，墨子對人與人關係的界定和處理以及對利的追逐與韓非極爲相似。另一方面，從實際內容來看，評價一個人的行爲的道德標準不惟要看他是否具有功利之心，還要看他運用何種手段、達到何種目的。具體地說，在怎樣處理人際關係和如何獲利等具體操作上，墨子與韓非的做法截然不同。與韓非等人相比，墨子所講的利具有自己獨特的內涵，對功利的追逐具有自家的特色：第一，從利的內涵來看，法家之利較爲狹隘，僅指耕戰之利；墨家之利範圍較廣，並且主體多元化。第二，從謀利的手段和方式來看，墨子謀利的手段是溫和的，始終注重以「兼相愛」來達到「交相利」的目的。法家見利忘義，不惜運用法術、計謀或心機去謀利。爲了達到利之目的不惜損人利己，這是極端的功利主義和利己主義。一言以蔽之，如果說韓非是爲了獲利而不擇手段的話，那麼，墨子則是運用美好的手段達到預期效果。墨子謀利的方式是合理的，與他對人與人之關係的界定一脈相承。雖然墨子認爲人與人之間是利益關係，但是，他並不認爲人完全自私自利而是認爲人性皆有所染，這有別於韓非代表的法家對人性極端自私自利的認定以及由此而來的對利的爲富不仁。墨子所講的利尤其與楊朱的極端自私和利己主義相去甚遠。孟子介紹說：「楊朱取爲我，拔一毛利天下，不爲也。」（《孟子・盡心下》）韓非對楊朱的評價則是：「不以天下之利，易其脛之一毛。」（《韓非子・顯學》）《列子》重申了楊朱的「一毛不拔」：「古之人損一毫利天下不與也，悉天下奉一身不取也。人人不損一毫，人人不利天下，天下治矣。」（《列子・楊朱》）借助墨子與楊朱、韓非思想的比較，可以直觀感受墨子思想的可貴，進而從中領會墨子對利的理解和謀利方式的合理性因素。

在對待義與利的問題上，儒家太過理想，有些不切實際，難免迂腐和不食人間煙火，乃至宋明理學發揮至登峰造極處成爲禁慾主義和僧侶主義的代名詞。法家則走向另一個極端。例如，韓非斷言：「好利惡害，夫人之所有也。……喜利畏罪，人莫不然。」（《韓非子・難二》）既然天下熙熙，皆爲利來；天下攘攘，皆爲利往，那麼，除了利之外，人便沒有了任何追求和目的。這同樣是對人的異化，唯利是圖的結果同樣是使人異化爲「單向度的人」。在對待利與義的關係問題上，儒家與法家分別代表了義與利兩種聲音，墨家則處於二者中間。墨家對義與利的態度較爲溫和而實際，處理方式也較爲現實而平易。

其實，對利的熱衷和追逐本身無可厚非，人完全可以光明正大、堂而皇之地求利、謀利和興利。在這方面，儒家高揚重義輕利的道德理想並沒有錯，問題出在「恥於言利」的結果不僅扼殺了人的多層次的需要和發展，而且在古代社會後期助長了虛僞、狡詐之風。當然，韓非代表的法家的唯利是圖更是貽害匪淺，是必須堅決予以杜絕的。在如何謀利上，要兼顧群體利益與個人利益、暫時利益與長遠利益。因此，人不僅不應該因己之利妨礙他人、群體之利，而且應該在爲自己謀利時爲他人、國家和社會謀利。儒家的義利觀爲人樹立了道德典範，墨子對待利益的態度和做法是有可汲取和借鑒之處的。正是爲了杜絕因追逐利而陷入極端的自私自利、唯利是圖而確保利的正當性和合理性，也正是爲了在自己謀利時兼顧天、鬼、天下、國家和他人之利，墨子把利與義聯繫起來，強調物質利益與道德的相互統一，由此斷言「義，利也」（《墨子・經上》）。墨子給義所下的定義蘊涵兩層意思：第一，義就是利。正義、道義就是利益，最終都可以體現爲或能夠帶來利益。換言之，凡是正義或道義，就可以在實際功用上凸顯其價值，能夠給國家和人民帶來實際好處。顯而易見，墨子的這個觀點與他的眞理觀和價值觀是一致的。第二，利就是義。凡是利都包含了義，都應該以合理的、道義的、正當的手段去謀取，萬萬不可見利忘義、爲富不仁。換言之，「義，利也」應該理解爲義與利、道德與功利的雙向互釋和互動，彼此都是對方的題中應有之義。在此，墨子不僅把道德功利化，追求物質利益的道德價值；而且把利道德化，將利永遠限定在道德許可的範圍和界域之內。違背義、不義也就不利——自己獲利而損害他人、國家或天、鬼之利，這是墨子所反對的。

儘管墨子對利的追逐、謀利之方和對利的內涵及主體的釐定具有不可否認的合理性，然而，在漫長的古代社會，墨子的思想並沒有因此被理解、接受和推崇。眾所周知，在先秦的百家爭鳴中，墨子創立的墨家學派卓然超群，與儒家齊名，並稱「顯學」。對於墨學在戰國中期的盛況，孟子描繪說：「楊朱、墨翟之言盈天下。天下之言不歸楊，則歸墨。」（《孟子・滕文公下》）戰國末期的韓非的說法印證了這一點：「世之顯學，儒、墨也。……墨之所至，墨翟也。……自墨子之死也，有相里氏之墨，有相夫氏之墨，有鄧陵氏之墨。」（《韓非子・顯學》）透過上面的描述，墨學的陣營和影響可見一斑。秦漢之後，墨學急劇衰敗，並且一蹶不振，在以後漫長的古代社會中幾乎成爲「絕學」。可以作爲參照的是儒學的命運。在先秦與墨家站在同一起跑線上的儒家不僅在漢代被「獨尊」，在南宋之後成爲元、明、清幾代的官方哲學形態。那麼，是什麼原因使先秦勢均力敵的儒、墨兩家在後續的歷史發展中命運迥然懸殊？爲何天下之言不歸「儒」則歸墨的情景不再？這背後的原因除了儒家追求仁義之道德、墨家熱衷自然科學之外，還在於墨家的功利主義價值取向和行爲目標。具體地說，墨子把道德功利化和功利道德化的做法背離了中國古代社會的主流價值觀。

中國人的義利之辨由來已久，並且根深蒂固。辨，指分別。所謂義利之辨強調義——道德完善和精神追求與利——物質利益和生理需要的區別甚至對立。在義與利的這種涇渭分明、不容混淆中，中國人注重精神追求和道德完善，熱衷於義；淡漠物質利益和經濟條件，恥於言利。在這方面，正如儒家迎合了前者一樣，後者不幸被墨子言中。

從功利的目標來看，與儒家的道德理想主義和孟子所說的「王何必曰利？亦有仁義而已矣」（《孟子·梁惠王上》）相反，墨子以「興天下之利」爲目的。孟子的「何必曰利」符合中國人恥於言利的大眾心理和價值取向，爲歷代統治者提倡（至少表面上如此），乃至被宋明理學家發展爲天理人慾之辨。墨子的尚利傾向難以得到中國人的普遍認同。儒家與墨家不同的歷史命運可以在對中國人心理傾向的一迎合、一逆忤中找到解釋和說明。

從謀利的方法來看，墨子要求天與人、人與人之間利益平等。上天與人的利益關係和食人之祭祀暗含了兩個意思：第一，上天具有意志，能夠感受並且享受人的祭祀。這使上天成爲一種人格之神。第二，上天並未因爲具有宇宙間最貴最知者的身份而飛横跋扈，而是顯得慈愛而平易近人。在墨子那裡，上天與人的關係是平等的、互動的。對於天人關係的界定體現了墨子思想的平等意識，這對於宗法等級觀念根深蒂固的中國人來說是難以接受的。這與儒家的「君君，臣臣，父父，子子」爲宗法等級制度辯護形成強烈對比。難怪孟子抨擊墨子的觀點說：「無父無君，是禽獸也。」

從利之主體來看，墨子不僅講天、鬼和王公大人之利，而且爲百姓萬民之利奔走呼號。墨子將在上者與在下者之利平等視之的做法有悖於傳統的人倫綱常。

從利之內涵來看，墨子側重「衣食之財」。他把衣食住行等經濟待遇和物質條件視爲利的主要內容，與「憂道不憂貧」、「謀道不謀食」的正統觀念背道而馳。

此外，與義利之辨相對應，不論是大學還是小學之中都沒有科學技術的位置。技術是達到利益的手段。例如，爲了非攻，墨子研製了備城門、備高臨、備梯、備水、備突和備蛾傅等技術、技藝和設備。墨子的這種行爲和研究成果在中國古代容易被認爲是雕蟲小技、玩物喪志和不務正業。有鑑於此，墨學衰亡似乎是意料之中的事了。

第十三章　墨子思想的內在統一性與邏輯構架

在先秦諸子中，墨子堪稱最博學的一位，以至於有人譽之爲百科全書式的人物，足以與古希臘的亞里斯多德相媲美。那麼，在廣泛的學術興趣中，墨子最鍾情什麼？是什麼把墨子建構的博大甚至龐雜的思想體系統一了起來？這兩個問題具有同一個答案，那就是：利。作爲統領墨子所有言論和思想的理論主旨，功利的立言宗旨、精神內涵和價值旨趣凸顯了墨子思想的邏輯構架和內在統一性。

第一節　墨子基本觀點和主張之剖析

作爲「上無君上之事，下無耕農之難」(《墨子・貴義》)的手工業者，墨子的思想是現實而入世的——既有別於儒家熱衷於仁義的道德理想主義，又捨卻了道家冷漠清高的出世情結。事實上，墨子熱切關注現實生活，對功利傾注了極大的熱情。可以毫不誇張地說，墨子在思想和行動上主張什麼、反對什麼，都是從利的角度來加以考慮和權衡的。只有牢牢把握利這一「前理解」，才能深入領會墨子主張的精神實質和思想邏輯。

墨子的基本觀點從「天志」「明鬼」「非命」「兼愛」「非攻」「尙同」「尙賢」「節用」「節葬」「非樂」到「非儒」都內涵著利的維度，都是從不同角度對利的論證和闡釋。

天以及「天志」作爲墨子最高的哲學範疇，是中國哲學共性與個性的奇妙結合：就共性而言，「天志」與儒家推崇的天命論一樣流露出中國古代哲學的天本情結和尊天心理；就個性而言，墨子斷言「天欲義而惡不義」，同時斷言「義，利也」。由此，墨子賦予天追求功利之志，使天具有了功利主義的情感和意志。按照他的說法，天創造自然和社會的過程不是儒家式的道德之奉獻或道家式的無爲而自然，而是上天意志、目的的展示和實現，這便是「天志」。一方面，天之志的所有內容從欲人兼愛、不欲人相惡相賊（「非攻」）到「尙同」「尙賢」等都包含功利的成分。另一方面，天對人之所欲或所不欲也是出於功利的考慮——使人得治、得富、得貴，使己得人之祭祀。天對利的青睞和追求從本體哲學的高度賦予利以無與倫比的至上權威，也使利具有了某種哲學意味。在對「天志」展開具體論證時，墨子特意強調人類社會的組織形式是上天安排的，目的是爲了利。對此，他聲稱：「古者上帝鬼神之建設國都、立正長也，非高其爵，厚其祿，富貴佚而錯之也；將以爲萬民興利除害，富貴貧寡，安危治亂也。」（《墨子・尙同中》）

「明鬼」是「墨子十論」之一，也是墨家獨具特色的觀點。墨子宣稱「明鬼」，除了他本人作爲小手工業者受民眾心態和世俗文化的影響之外，還因爲鬼神對驗證利的存在和保證利的實現具有不可替代的重要作用。墨子認爲：「嘗若鬼神之能賞賢如罰暴也，蓋本施之國家，施之萬民，實所以治國家、利萬民之道也。」（《墨子・明鬼下》）具體地說，鬼神是溝通天與人的中介，上天通過鬼神對人的行爲進行監察，然後根據監察的結果予以賞罰。這個過程其實就是利的兌現或分配過程：一邊是，天之利得以實現——天之志得以滿足；一邊是，人之利（遭罰也是一種利，即不利之利）得以判決和執行。在這個意義上，如果說「天志」之利尙使人對利存有一絲疑慮的話，那麼，鬼神的存在則使人感到「天志」時時處處都在與自己之利發生著聯繫，是眞眞切切的存在。

「非命」的功利內涵不言而喻，墨子大聲疾呼「非命」正是出於利的考慮。眾所周知，墨子所非之命不是來自上天的命令，而是專指早期儒家（主要是孔子）宣揚的冥冥之中的命運主宰。饒有興趣的是，儘管天命最突出的是本體哲學意蘊，然而，墨子對有命論的駁斥卻沒有側重存在論或本體論，而是從社會效益（功利）的角度展開論證。根據「三表」法，墨子宣稱有命論是謬誤而不是眞理：與古代聖王的事蹟不符，與百姓的耳目之實相左，違背國家百姓人民之利。儘管墨子的這種論證維度使「非命」具有認識哲學、價值哲學的意蘊和高度，然而，在對「三表」的逐一陳述中，墨子有意無意地把重心放在了第三條——利之表，力數命之有對於從王公大人到農夫桑女、從國家到百姓、從鬼神到人類等各個階層或利益主體的危害，由此毅然決然宣布：有命論不得不絕。於是，他寫道：「且今天下之士君子，將欲辯是非利害之故，當天有命者，不可不疾非也。執有命者，此天下之厚害也，是故子墨子非也。」（《墨子・非命中》）由此可見，對於究竟應該反對有命還是信命爲有，墨子不是出於虛玄的理論預設，而是基於得治、得富、得暖與得亂、得貧、得寒的利之對比，並出於功利的考慮而杜絕有命而選擇了「非命」。

「兼愛」的立言宗旨、操作措施和最終目標仍然是利，兼相愛的目的是交相利。墨子儘管與孔子一樣講愛，然而，他並不贊同儒家的差等之愛，而是爲實施「兼愛」奔走呼號。「兼愛」的目的有二：第一，在天與人的關係層面，得天之賞。墨子認爲，天有意志，可以對人事進行賞罰；人兼相愛是天之所欲，若爲之必得天賞，故而爲之。第二，在人與人的關係層面，實現「交相利」。墨子把人間的一切罪惡、不幸和征伐都歸咎於人皆虧人而自利。墨子分析說：「當察亂何自起，起不相愛。」（《墨子・兼愛上》）在他看來，虧人而自利便是自愛而不兼相愛，由於人人都自愛而不兼愛，才出現了父不慈子、兄不慈弟、君不慈臣和盜賊蜂起、攻伐頻仍等現象；若想扭轉這種局面，也只有從兼相愛做起。於是，墨子呼籲：「今天下之士君子，忠實欲天下之富而惡其貧，欲天下之治而惡其亂，當兼相愛、交相利，此聖王之法，天下之治道也，不可不務爲也。」（《墨子・兼愛中》）這表明，墨子呼籲「兼愛」，正是針對相惡相賊的局面有感而發的針貶時弊之策。

與儒家的仁愛不同，「兼愛」不是目的而是手段，最終目的是利，即以「兼相愛」邀「交相利」。正是在這個意義上，墨子斷言：「此（即「兼愛」——引者注）聖王之道，而萬民之大利也。」（《墨子・兼愛下》）這清楚地道出了墨子提倡「兼愛」是爲了「大利」。不僅如此，墨子還列舉了大量的歷史故事來說明這個道理。他指出，堯、舜、禹、湯、文、武「其爲政乎天下也，兼而愛之，從而利之，又率天下之萬民以尙尊天事鬼，愛利萬民。是故天鬼賞之，立爲天子，以爲民父母。萬民從而譽之曰聖王，至今不已」（《墨子・尙賢中》）。如果說堯、舜、禹等古代聖君因爲爲天之所欲而獲得大利的話，那麼，桀、紂、幽、厲等暴君則是違背上天的兼愛遭天罰、到頭來萬利皆無的典型。對此，墨子指出：「若昔者三代暴王桀、紂、幽、厲者是也，……其爲政乎天下也，兼而憎之，從而賤之，又率天下之民以詬天侮鬼，賤傲萬民。

是故天鬼罰之，使身死而刑戮，子孫離散，室家喪滅，絕無後嗣。萬民從而非之曰暴王，至今不已。則此富貴爲暴而以得其罰者也。」（《墨子・尚賢中》）不難看出，正是利的驅使——一榮一辱的鮮明對比堅定了墨子的「兼愛」主張。

墨子爲了「非攻」殫精竭慮，墨突不黔，「非攻」的利之原則更爲突出。墨子勸導統治者「非攻」的說辭是：「計其所自勝，無所可用也。計其所得，反不如所喪者之多。」（《墨子・非攻中》）在他看來，攻伐、戰爭貽害匪淺，對於天、鬼和人之利均有損害。這用墨子本人的話說便是：「夫取天之人，以攻天之邑，此刺殺天民，剝振神之位，傾覆社稷，攘殺其犧牲，則此上不中天之利矣。意將以爲利鬼乎？夫殺之人，滅鬼神之主，廢滅先王，賊虐萬民，百姓離散，則此中不中鬼之利矣。意將以爲利人乎？夫殺之人爲利人也博矣，又計其費，此爲周生之本，竭天下百姓之財用，不可勝數也，則此下不中人之利矣。」（《墨子・非攻下》）

這種曉之以利、動之以利的理由和說服策略顯然比戰爭殺人如麻、是大不義等道德說教顯得更實在，也更有說服力。在墨子這裡，與「兼愛」一樣，「非攻」也來自「天喻」，是上天意志的體現——上天在欲人相愛相利的同時，不欲人相惡相賊，「兼愛」與「非攻」是一個問題的兩個方面。因此，正如勸導人「兼愛」的手法是利誘——以「兼相愛」求「交相利」一樣，墨子告誡人「非攻」的手段同樣是利弊權衡——攻伐將損害利：除了勞民傷財之外，還要承受爲天所不欲而遭天之罰的後果。如此一來，人遵守「兼愛」和「非攻」等「天志」都成了逐利行爲。

「尚同」的功利因素無可置疑，無論動機還是結果都離不開利：在人與人的關係層面，「尚同」是爲了達到上行下效的上之所是而是之、上之所非而非之的效果，從而使國家、百姓便於治理；在天與人的關係層面，「尚同」即上同於天是「法天」的主要內容和標準，最終目的是得天賞。兩個層面殊途同歸——最終都歸於利。

「尚賢」按照墨子的解釋就是利用多才、善行之賢者治理國家、官府和邑里。「親士」基本上也是這個意思。墨子主張「尚賢」，除了獲得天賞之外，還爲了國家百姓得利。他強調，任賢親士、尚賢使能從國家到個人都可獲利。對於其中的道理，墨子進一步解釋說：「賢者之治國也，蚤朝晏退，聽獄治政，是以國家治而刑法正。賢者之長官也，夜寢夙興，收斂關市、山林、澤梁之利，以實官府，是以官府實而財不散。賢者之治邑也，蚤出莫入，耕稼樹藝，聚菽粟，是以菽粟多而民足乎食。故國家治則刑法正。官府實則萬民富。上有以絜爲酒醴粢盛，以祭祀天鬼；外有以爲皮幣，與四鄰諸侯交接；內有以食饑息勞，將養其萬民；外有以懷天下之賢人。是故上者天鬼富之，外者諸侯與之，內者萬民親之，賢人歸之。以此謀事則得，舉事則成，入守則固，出誅則疆。」(《墨子・尚賢中》)

對於墨子來說，「尚賢」對於政治、經濟、宗教、外交和國家、官府、邑里以及天、鬼、人都有利，是有百利而無一害之舉。難怪墨子將「尚賢」奉爲爲政之本：「尚賢者，天鬼、百姓之利，而政事之本也。」(《墨子・尚賢下》)

墨子提出「非樂」、「節葬」和「節用」等主張，限於當時社會的經濟條件，是從物質利益的角度權衡、取捨的結果，最明顯地表明了墨子的功利立場和路線。例如，對於「非樂」，墨子直言不諱地表白說：

> 是故子墨子之所以非樂也，非以大鐘、鳴鼓、琴瑟、竽笙之聲以爲不樂也，非以刻鏤華文章之色以爲不美也，非以芻豢煎炙之味以爲不甘也，非以高臺厚榭邃野之居以爲不安也。雖身知其安也，口知其甘也，目知其美也，耳知其樂也，然上考之不中聖王之事，下度之不中萬民之利。是故子墨子曰：「爲樂非也！」(《墨子・非樂上》)

這就是說，墨子之所以「非樂」，並非因爲認爲各種「樂」「不可樂」，而是因爲行樂不僅與古代聖王的事蹟不符，而且違背了萬民之利。在這裡，與聖王事蹟一樣，利無疑是一個重要的衡量法碼。

同樣的道理，墨子提倡「節葬」和「節用」，也並非拒絕錦衣美食本身。對於「節用」的好處，墨子解釋說，聖王治理國家、天下，定會使國家和天下之利「可倍」。而「其倍之，非外取地也；因其國家去其無足以倍之」(《墨子・節用上》)。在他看來，聖王使天下、國家之利「倍之」的辦法不是對外擴張疆土，而是對內節省開支和花銷，這便是實行「節用」。也只有「節用」，可以「用財不費，民德不勞，其興利多矣」(《墨子・節用上》)。

墨子「非儒」，同樣凝聚著濃鬱的功利情結。對於「非儒」的理由，墨子如是說：「儒之道足以喪天下者，四政焉。儒以天爲不明，以鬼爲不神；天鬼不說，此足以喪天下。又厚葬久喪，重爲棺槨，多爲衣衾，送死若徙，三年哭泣，扶後起，杖後行，耳無聞，目無見，此足以喪天下。又絃歌鼓舞，習爲聲樂，此足以喪天下。又以命爲有，貧富壽夭、治亂安危有極矣，不可損益也。爲上者行之，不必聽治矣；爲下者行之，必不從事矣。此足以喪天下。」（《墨子．公孟》）這四條是墨子「非儒」的主要原因，基本上概括了儒家的主要觀點，墨子與儒家的對立也聚焦於此。其中，第一條針對儒家的天命論。在這方面，孔子信仰冥冥之天、「敬鬼神而遠之」，墨子主張「天志」「明鬼」，天賞善罰惡的意志好惡和因果法則增添了天的透明度。第二條批評儒家的厚葬。在這方面，墨子指出，儒家提倡的棺槨衣衾之費和三年服喪之俗極不人道，進而呼籲「節葬」。第三條批判儒家的禮樂教化。在這方面，儒家把音樂視爲教化的主要手段，墨子主張「非樂」。第四條揭露儒家的先天命定論助長了不思進取、坐以待命的不良風氣。在這方面，儒家斷言人的生死壽夭都是上天事先安排好的，與人後天的行爲無關。墨子聲稱「非命」，反對冥冥之命。這四條歸根結底都是一個利字，既與墨子從社會效果出發批駁儒家的觀點一脈相承，也符合墨子對「儒之道足以喪天下」的概括。

上述分析顯示，墨子的各種觀點和主張都是圍繞著利展開的，從不同的方面和視角相互印證、層層交錯，背後一以貫之的則是利。一言以蔽之，墨子的學說便是「興天下之利」：上天之志和用之表充分展示了利是好的，本體、價值哲學領域的確證主要從理論上伸張了利的正當性和必要性；「非命」「兼愛」「非攻」「非樂」「尙同」「尙賢」「節葬」和「節用」等則從實際操作上論證了利的迫切性、可行性和可能性。如果說前者是理論預設和理想境界的話，那麼，後者則具有深切的現實性；如果說「天志」「明鬼」側重利的理論形態的話，那麼，「尙同」「尙賢」「節葬」「節用」「兼愛」和「非攻」之利則含有行爲、踐履之意。正是在方方面面、反反覆覆的論證和闡釋中，墨子伸張了自己追逐功利的立言宗旨、思想內涵和價值旨趣。

第二節　利在墨子整個學說中的展示和張揚

墨子具有自己的哲學理念、政治主張和價值訴求，在先秦的百家爭鳴中堅守墨家的立場，提出了以十論爲核心的諸多主張。墨子的主張具有一以貫之的邏輯主線，功利的立言宗旨、思想意蘊和價值旨趣使利在墨子的整個思想體系中淋漓發揮、盡情揮灑，在本體哲學、認識哲學、人生哲學、道德哲學和政治哲學等各個領域凸顯出來。

從本體哲學上看，「天志」、「明鬼」和「非命」是墨子的三大基本主張，並構成了墨子本體哲學的三位一體的邏輯構架。而這三項主張都是利的展開。具體地說，墨子所講的天不僅自己按照利的原則行事——所好所惡、施加賞罰都以利爲準，而且通過鬼神監察、決定利之實行。所以，墨子主張以天爲本內涵著以利爲本之義。正因爲「天志」之天爲利張目，所以，「法天」的墨子實際上是從本體哲學的高度爲利立法。這一做法在使利受到上天庇護的同時，也使利擁有了至高無上的權威性和崇高性。「明鬼」的出現不僅拉近了「天志」（天國）之利與人（人間）之利的距離，而且凸顯了利的強制性——由於天與人的特殊關係，天與人的利益是一致的。即使是爲了自己的利益考慮，天也希望人獲利。從這個意義上說，天渴望人都能夠得到天賞——得福得貴。只有這樣，人才有更好的條件祭祀上天，上天才可以享受到更好的待遇。從這個意義上說，上天懲罰人類完全是迫不得已——自己的利益也要受損——不能得到及時、適時的祭祀。如此說來，人的行爲不是自己的私人行爲，而是關涉己與天的「公共行爲」。無論願意與否，人都有責任、有義務必須去作爲（爲天之所欲、不爲天所不欲）——這種強制性出於鬼神的監察和天鬼的賞罰。這表明，利具有法律效應，「興天下之利」是最高的法律，人的一切行爲都應該以此爲準繩。正因爲如此，墨子斷言：「仁之事者，必務求興天下之利，除天下之害，將以爲法乎天下。利人乎即爲，不利人乎即止。」（《墨子・非樂上》）

在墨子對本體哲學的論證中，如果說「天志」和「明鬼」之利以天國爲切入點、至多是從天鬼與人的關係或從人的外在強制上談利的話，那麼，「非命」則把視點轉向人間，側重人的行爲和社會效果的論證。正是由於從「天志」、「明鬼」到「非命」的這種角度和側重的切換，才使墨子的本體哲學之利既有本體根基處，又不乏社會落腳點；既有來自天國的高貴、神聖和權威，又交織人間的利害、取捨和現實。前者爲利的正當性、合理性奠定哲學基礎，後者爲利的操作性、可行性構築平臺。兩方面相互印證，相得益彰。

從認識哲學上看，墨子恪守經驗原則，主打思想是眞理觀上的「三表」法。對於判斷是非的「三表」法，墨子寫道：

> 故言必有三表。何謂三表？子墨子曰：「有本之者，有原之者，有用之者。」於何本之？上本之於古者聖王之事。於何原之？下原察百姓耳目之實。於何用之？廢之以爲刑政，觀其中國家百姓人民之利。（《墨子・非命上》）

對於墨子來說，用之表即符合國家、百姓和人民的利益是「三表」的重要內容之一，也是某種認識成爲眞理的必要條件；任何言論缺此一表，便不能成爲眞理。換言之，有價值的言論和認識必定能夠使人獲得利益，不能給人帶來實際利益的言論也就不具備成爲眞理的資格。把利寫進「三表」法注定了墨子思想的功利主義的價值取向，這一價值取向和行爲追求反過來又從眞理觀的高度肯定了利的意義價值，伸張了利的合理性和正當性。更爲重要的是，作爲一種主體意志和心理傾向，價值觀直接決定著人的行爲動機。在這方面，把利寫進眞理觀、擢升利之價值的墨子必然把利奉爲自己思想或主張的立言宗旨。換言之，功利對於墨子思想的意義並不限於是判斷眞理的標準之一（三個必要條件之一），而是成爲所有言論的理論初衷。

其實，墨子的「三表」法統一於利的原則，在某種程度上可以說，「三表」都可以還原爲利之表，或者說可以統稱爲利之表。進而言之，除了用之表直接言利之外，本之表的「上本之於古者聖王之事」也隱藏著利。與儒家效法先王的道德垂訓不同，墨子法先王是因爲先王治國有方、法先王對於治理國家能收穫實際效果。他說：「聖人爲政一國，一國可倍也。大之爲政天下，天下可倍也。」（《墨子・節用上》）「倍」指利之可倍。不僅如此，原之表的「下原察百姓耳目之實」貫徹了墨子的經驗主義原則，而他所講的百姓耳目之實主要指食貨滿足耳目之生活需要，也即經濟利益。如此說來，原之表張揚利的價值，其中貫通的經驗原則本質上就是利益原則。

總之，墨子的認識哲學之利使利具有了非同小可的價值和意義，與本體哲學一起把利的正當性和合理性闡釋得淋漓盡致、無以復加。在這方面，如果說本體哲學之利帶有強制性和外在約束的法律意味的話，那麼，認識哲學之利則拉近了利與人之間的心理距離。因此，認識哲學領域的利不僅扭轉了以言利、求利爲恥的觀念，而且使利從依賴天鬼的庇護變爲仰仗人心的偏袒。

從道德哲學上看，墨子授予利無與倫比的至高榮譽，致使利成爲道德哲學的核心。眾所周知，有別於孔子之仁、荀子之禮的道德哲學建構模式，墨子道德哲學的核心是義。進而言之，何爲義？何爲不義？墨子把義與利直接聯繫起來，用利去說明和界定義。按照墨子的理解，「義，利也。」（《墨子・經上》）在這個界定中，道德不是抽象的，也不是空洞的，道德永遠與利益聯繫在一起。這無疑爲他的道德哲學打上了深重的功利主義印記。

從人生哲學上看，墨子把人的一切關係都說成是利益關係，人成爲利益之人。這使利成爲人生的最終目標和最高意義，人生價値的實現就是利益的獲得。道德哲學決定人的道德觀念、道德判斷和道德行爲，墨子以利爲軸心的道德哲學體現在他的人生哲學中便是對利的渴望和追逐。在這方面，墨子認爲，人的一切言行都是對利的追逐，功利是人的一切理論、行動的立言宗旨和行爲動機。

從政治哲學上看，墨子的政治主張——「尙同」「尙賢」「節葬」「節用」等不僅與功利密切相關，而且使利得以實施，由理論形態、思想觀念轉化爲行爲措施和操作實踐。例如，墨子主張「尙賢」，提倡不分親疏、門第擢舉賢能之士從事行政管理工作。「尙賢」的具體做法則是，對於有一技之長的賢德之人「必將富之，貴之，敬之，譽之」(《墨子・尙賢上》)。提高賢者的待遇，用利來籠絡人才。再如，墨子主張「節葬」，極力反對儒家的厚葬之風，是因爲殉葬陪葬之風耗財甚巨、極不人道和服喪之俗不利於國家治理和耕織之務。關於治國方法，正如追求道德完善的儒家青睞禮樂教化一樣，熱衷功利的墨子把利視作爲政之方。他指出：「古者明王聖人所以王天下、正諸侯者，彼其愛民謹忠，利民謹厚；忠信相連，又示之以利。」(《墨子・節用中》) 不僅如此，墨子根據所染原則指出，人看到貧賤者被重用之後，受利益的驅使，會產生連鎖反應——富者和近權者不再居高自恃，貧賤者和遠權者也不再自暴自棄。如此看來，治理國家非常簡單，說到底就是一個利字。於是，墨子斷言：「上之所以使下者，一物也。」(《墨子・尙賢上》) 這裡所講的「一物」，即利。

總之，由於對利的熱衷和渴望，墨子對利的論證面面俱到、不厭其煩。這種交叉、重疊使利在墨子學說的各個方面和領域得以反覆說明、相互印證，成爲本體哲學、認識哲學、道德哲學、人生哲學和政治哲學的交匯點。

第三節　墨子思想的內在統一性和邏輯關節點

上述分析表明，利不僅是墨子各種主張的題中應有之義，而且縱橫馳騁於墨子學說的各個領域。換言之，作爲連接、統轄各種觀點和各個領域的主線，利貫穿墨子整個思想的方方面面、由始至終。

一、尙利、親利的價值意趣

墨子提出過許多觀點和口號來表達自己的思想，最主要的思想則是尙利。作爲先秦最傑出的邏輯學家，墨子具有非凡的概括能力，他的思想大都是通過簡練的語詞結構（兩個字）表述出來的，「天志」「明鬼」「非命」「非樂」「尙賢」「尙同」「節葬」「節用」乃至「親士」「法儀」「所染」和「貴義」等均是如此。與此相聯繫，《墨子》一書的篇目不同於《論語》等典籍取每篇開頭的兩、三個字，而是言簡意賅地概括全篇的中心思想。耐人尋味的是，儘管墨子熱衷於利，儘管墨子提出過許多口號和觀點，然而，他卻始終沒有提出過「尙利」或「親利」之語，《墨子》書中也無「尙利」或「親利」的標題。對此，人們不禁要問，既然墨子如此熱衷於利、又那麼善於概括和表達自己的思想，那麼，在墨子的概括和表述中，爲何不能如「尙賢」「尙同」和「親士」一般地「尙利」或「親利」呢？是否可以說，不言「尙利」或「親利」的事實本身足以證明墨子並非熱衷於利？

對於這個問題，有理由從另一個思路來理解：在墨子的思想和意識中，利是總綱，佔據提綱挈領、統攬全域的位置。因此，把利放在哪一篇中去論證都不合適——都有以偏概全之弊和掛一漏萬之憾。正因爲如此，墨子沒有直接提出「尙利」或「親利」的口號而使利限於一隅，而是採取了內斂的、含蓄的方式使利蘊涵於他的各種觀點和主張之中。這樣一來，不言「尙利」或「親利」不惟絲毫不妨礙墨子對尙利、親利意圖的表達，反而可以收到不言而大言特言之效——既可以使利之伸張成爲從「天志」「明鬼」「非命」到「節葬」「節用」等各種主張的題中應有之義，又可以使利成爲從本體哲學、認識哲學、人生哲學、道德哲學到政治哲學等諸多領域的共同的心照不宣的秘密。這既增強了利的統轄性和覆蓋面，又使利統一思想、運籌全域，從而使墨子的整個學說的各個方面、各個領域都統一於利。《墨子》中的這則故事支持了我們的這個判斷：

> 子墨子游，魏越曰：「既得見四方之君，子則將先語？」子墨子曰：「凡入國，必擇務而從事焉。國家昏亂，則語之尚賢、尚同；國家貧，則語之節用、節葬；國家喜音湛湎，則語之非樂、非命；國家淫僻無禮，則語之尊天、事鬼；國家務奪侵凌，即語之兼愛、非曰，擇務而從事焉。」（《墨子・魯問》）

上述內容顯示，墨子的所有主張都是圍繞著利——利國展開的。饒有興趣的是，墨子「言」利而不見利。張揚利的這種獨特做法和利在墨子思想體系中的作用正應驗了老子的那句名言——「無爲而無不爲」。

二、利→利→利的思想構架

既然墨子的思想統一於利，那麼，利在墨子的思想中是如何統一全局的呢？墨子思想的邏輯結構又如何呢？第一，利是邏輯起點和出發點。利是墨子言論的立言宗旨和一切行爲的出發點——從這個意義上說，利是目的，當然也是動機。第二，利是邏輯中介和關節點。墨子的一切言行都是圍繞利展開的，實現利之動機的手段並非儒家式的道德說教，亦非法家式的法律強制，而是利之誘導——從這個意義上說，利是手段，同時也是方法。第三，利是邏輯結果。墨子不是空談家，也不是道德施捨者。他追求利的言行、謀求利的方法都是爲了最終使天、鬼、人得到實實在在的利——從這個意義上說，利是終點，也是最終達到的效果。由此可見，在墨子的思想體系中，利是目的與手段、動機與效果的奇妙結合，集目標、手段與結果於一身。這表明，墨子思想的邏輯構架便是利（作爲出發點之利）→利（作爲中轉站之利）→利（作爲目的地之利），即從利出發、運用利之手段達到利之目的。這也從另一個層面再次表明，利是墨子整個思想的核心和一以貫之的主線。

墨子思想的邏輯結構之所以是利→利→利的逐層綻放和展開，與墨子思想之所以統一於利具有內在的一致性。奧秘在於，墨子之所以把利奉爲自己言論的理論初衷，把追逐利視爲仁人從事的行爲動機和最終結果，受制於功利主義的價值旨趣和思維邏輯。可以作爲佐證的是，《墨子》一書出現頻率最高的便是「興天下之利」。循著功利主義的價值旨趣和思維邏輯，墨子斷言，仁人從事以「興天下之利，除天下之害」爲主觀動機和行爲後果；從內涵上看，仁人所從之事有言，也有行。正因爲如此，對於「興天下之利」的方法之一——「兼愛」，「興天下之利」的墨子既倡「兼愛」之言，又蹈「兼愛」之行，當然也收「兼愛」之利。由此可見，「興天下之利」既是願望，又是在這一願望指使下發出的行動，同時也是這一行動收穫的結果。

總之，既然利是墨子思想的核心和主線，既然墨子的思想統一於利，那麼，下面的兩個結論便是不言而喻的：第一，離開了利，便無法把握墨子思想的立言宗旨、價值旨趣、思想意蘊和最終目標。第二，離開了利，同樣無法理解墨子思想的邏輯框架、心理結構和思維方式。墨子終身都在爲利搖旗吶喊，奔走呼號。正是功利的價值旨趣和思想內涵拉近了墨家與法家之間的距離，而與儒家和道家的理想追求相去甚遠。從某種意義上說，對功利的張揚和追求是導致墨家在秦後衰亡不振的原因之一，並解釋了墨家與同爲先秦「顯學」的儒家的歷史命運的天懸地隔。

第十四章　孔子的德治思想及其當代審視

孔子的德治主張是中國傳統文化中以德治國的濫觴，也是儒家政治哲學的理論源頭。從某種意義上說，正是德治思想使孔子彪炳史冊，成爲中國歷史上傑出的思想家和儒家學派的創始人。因此，研究孔子的思想不能不研究他的德治思想。當代的以德治國，不能完全割裂本民族的歷史傳統；提到歷史傳統，孔子總是無法逾越的。這使對孔子德治思想的研究不僅具有深遠的理論意義，而且兼具迫切的現實意義和實踐價值。

第一節　德治的根基和必要

在孔子生活的春秋時代，儒家並非唯一的「顯學」。至少與孔子同時的老子創立的道家業已出臺。在治國安民之方和爲人處世之道上，道家主張無爲而治，呼籲「絕仁棄義」，把儒家提倡的仁義禮智等倫理道德視爲導致世風日下、人心不古的萬惡之源。有鑑於此，道家否認仁義禮智是治國安民的有效手段，而心儀於「無爲而無不爲」的自然之道和無爲而治。同時，春秋時期管仲代表的法家先驅呼籲以法治國，極力推行法制路線。很顯然，無論道家還是法家所推崇的都是有別於德治的治國理民思路。所有這些言論和主張都使論證行使道德手段治理國家的必要性和正當性以及道德手段的優越性成爲迫切的現實課題。孔子的德治思想也正是以此爲切入點展開論證的。

一方面，孔子在上天那裡爲德治尋找到了立論根據，憑藉殷周以來的天帝觀念鞏固德治的必要性和正當性。具體地說，孔子極力宣揚天命論，斷言人的貧富貴賤、夭壽生死都是上天事先安排好的，是命中注定的。這便是有名的「死生有命，富貴在天」。同時，孔子強調，上天對人間的主宰和安排是一種隨機莫測的無言之舉，人們對之既不可預知，又無法改變。對於上天給予人的既定的命運而言，一切都無能爲力、無可奈何。於是，孔子提出了「畏天命」之說，告訴人們猶如「敬鬼神而遠之」一樣，對無法改變且無法逃遁的天命保持敬畏之心。這就是由來已久的「以德配天」。

另一方面，孔子不怨天，不尤人，沒有因爲上天的既成安排便放棄人爲的努力和作爲。這表現在政治上便是：在統治者方面，不坐待天賜、任其自然，而是憑藉自身的力量達到國家的長治久安；在被統治者方面，「性相近也，習相遠也。」（《論語・陽貨》）在斷言有生而知之者和困而不學者存在的前提下，孔子強調大多數人都是「學而知之」和「困而學之」者。後天教育可以改變他們的本性，人人都可以成爲接受統治的順民。於是，就孔子個人而言，才有了「知其不可而爲之」的悲壯的周遊列國、以德治游說諸侯之舉。

上天對人命運的安排要求人們「以德配天」，以完善自身道德的方式對天命安之樂之順之；後天的作爲要求人們不可墮怠，以完善自身的道德修養爲己任。至此，兩方面共同指向同一個方向，那就是：以仁爲核心的倫理道德。

有鑑於此，孔子在政治上主張德治，反對一味地懲罰和刑殺。在他看來，就道德與法律這兩種統治手段而言，道德具有法律所無可比擬的優越性。因爲法律的嚴懲、酷刑和重罰可以使老百姓由於懼怕法律的淫威而免於犯罪，卻不能使他們從思想深處排除犯罪的動機。這表明，法律不能從根本上解決問題。與法律只能治標無力治本不同，道德可以通過一種內在的力量使人進行自我約束，不僅使人具有羞恥心，而且行動起來規規矩矩，從而標本兼治，天下太平。於是，孔子得出了這樣的結論：「道之以政，齊之以刑，民免而無恥；道之以德，齊之以禮，有恥且格。」（《論語・爲政》）

基於這種認識，孔子呼籲統治者推行德治。他說：「爲政以德，譬如北辰居其所眾星共之。」（《論語・爲政》）統治者憑藉道德治理國家，自己便會像北斗星那樣安靜地居於一定位置，所有別的星辰都環繞著自己。這句話意思是說，統治者以德治國，便可以使人心悅誠服，得到老百姓的擁護和愛戴。孔子堅信，只有這條策略才是事半功倍、永保國家長治久安的康莊大道。這樣一來，孔子便一面在上天那裡找到了德治的正當性，一面在與法律的比較中凸顯了德治的優越性，從而論證了德治的合理性。

第二節　德治的基本精神和表現形式

與法治相對，德治是指運用道德或主要行使道德手段規範人的行為，處理國家事務，調節個人與家庭、個人與群體、個人與國家之間的關係。作為一種調節手段和行為規範，德治分為內在精神與外在表現兩個層面。在孔子那裡，德治的內在精神是「愛人」，德治的外在表現則是禮。

一、德治的基本精神是「愛人」

道家超然世外，崇尚淡若水的「君子之交」和「老死不相往來」的人際關係。法家主張以利益為槓杆來調節人與人之間的關係，韓非更是基於人性自私論，把包括君臣、父子之間的關係在內的所有關係都說成是血淋淋的買賣關係和利益關係。前者人情淡漠、看破紅塵，後者爾虞我詐、鮮血淋淋。與此不同，孔子的德治思想則顯得溫情脈脈、其樂融融。因為德治的基本精神是仁即愛人，德治的出發點和基本要求就是本著愛人的精神實行或接受統治。正因為如此，孔子的政治主張與他的倫理思想是一脈相承的。具體地說，孔子的倫理思想是他政治主張的理論根基，政治思想則是孔子倫理思想的實踐操作和貫徹實施。二者相互印證，不可截然分開。

眾所周知，在中國歷史上，孔子第一次建立起龐大的倫理思想體系，其核心範疇便是仁。仁者愛人的思想貫穿孔子學說的自始至終、方方面面。孔子聲稱：「吾道一以貫之。」（《論語・里仁》）他明確表示自己的學說有一條貫徹始終的主線。對此，孔子的弟子解釋說：「夫子之道，忠恕而已。」（《論語・里仁》）認為這條貫穿孔子學說始終的主線就是忠恕之道。所謂的忠恕之道，其實就是仁。「樊遲問仁。子曰『愛人』。」（《論語・顏淵》）

在孔子那裡，仁包括兩方面的基本內涵：第一，從積極的方面說，仁是忠——「己欲立而立人，己欲達而達人。」（《論語・雍也》）仁意味著設身處地地為別人著想。第二，從消極方面說，仁是恕——「己所不欲，勿施於人。」（《論語・衛靈公》）仁意味著自己不想要的東西，也不強加於人。此外，仁還包括「恭、寬、信、敏、惠」和「剛、毅、木、訥」等內容。仁的這些內容要求統治者在推行德治時，必須時時刻刻本著愛人精神，設身處地地為老百姓著想，讓他們有所立、有所達，一切良好的願望都能實現；不讓他們面對自己不願經歷、不想面對的情景或處境。

除此之外，仁還要求統治者還要在統治庶民、處理各種關係時，表現出莊重、寬厚、誠實、勤敏、慈惠、剛強、果決、樸實和謙遜等品格。這些與孔子提倡的統治者的率先垂範作用是一致的。

二、德治的目標和外在表現形式是禮

孔子認爲，仁是本質、是內容，其基本精神要通過禮表現出來。在某種程度上，如果說仁作爲一種基本精神是德治的出發點和實行中一以貫之的原則的話，那麼，作爲仁的愛人精神之外在表現的禮則在表現爲實行德治的手段和方法的同時，還體現爲目標和結果。對於仁的作用和功能，孔子的學生——有子明言聲稱：「禮之用，和爲貴。」（《論語・學而》）禮的作用和價值就在於對不同的人施予不同的恰如其分的愛，尊卑有別、長幼有序，達到整個社會的和諧。具體地說，孔子嚮往的和諧社會就是「君君、臣臣、父父、子子」（《論語・顏淵》）的狀態。要實現這一理想，每個人都應該依禮行事：「君使臣以禮，臣事君以忠。」（《論語・八佾》）父對子以慈，子侍父以孝；反之，則會違背愛人的初衷。

按照孔子的說法，對父母之孝和對兄長之悌是仁之根本。如此說來，禮的表現形式和貫徹不僅體現在君臣關係等公共領域，而且最先反映在父子、兄弟等日常生活和家庭關係之中。在這裡，君對臣之禮與惠是德治的一種表現，臣對君之忠、子對父之孝和弟對兄之悌同樣是德治的一種表現——只不過是前者側重於德治之方，後者側重於德治之果而已。

第三節　德治的方法和手段

對於德治而言，基本精神和外在形式構成的理論內容只有通過一定的手段和方式付諸實踐，才能從理論模型轉化爲實踐操作，最終得以實現。方法和手段不僅直接決定著德治思想能否實現，而且影響著實現的程度和不同後果。離開了方法和手段，所有的理想和設想都等於零。從這個意義上說，德治的手段和方法顯得更爲重要和關鍵。正因爲如此，孔子對德治實施的手段和方法極爲關注，從統治者與被統治者、道德領域與經濟領域等多維度、多視野地論證了這個問題。

一、「克己復禮」——統治者的率先垂範

在孔子那裡，作爲一種社會調整措施和規範人與人之間關係的手段，德

治是統治者與被統治者共同遵循的原則。對於前者而言，德治主要體現在以身作則、以理服人和以德感人上；對於後者而言，德治主要體現爲依禮而行、忠孝君親、上行下效。無論對於哪個群體，「克己復禮」都是最起碼的爲人原則和共同的行爲規範。

孔子認爲，實現德治的最佳方法是「克己復禮」。「顏淵問仁。子曰：『克己復禮爲仁。一日克己復禮，天下歸仁焉。』」（《論語．顏淵》）所謂「克己復禮」，就是克制自己的各種欲望，使自己的行爲符合禮（指周禮）的要求。「克己復禮」的具體做法是：「非禮勿視，非禮勿聽，非禮勿言，非禮勿動。」（《論語．顏淵》）不符合禮的不看、不聽、不言、不做，在視、聽、言、動上端正自己。爲此，孔子強調爲仁的主觀自覺性，斷言「爲仁由己，而由仁乎哉？」（《論語．顏淵》）意思是說，爲仁要從自己做起。正是在這個意義上，他又說：「仁遠乎哉？我欲仁，斯仁至矣。」（《論語．述而》）

值得注意的是，在這裡，孔子所講的「克己復禮」不僅針對黎民百姓，而且針對或曰主要針對國君和統治者，因爲他們是德治的實施者和矛盾的主要方面。德治除了給予君主優厚的特權外，還賦予君主應盡的責任和義務——主要指率先端正自身的行爲，垂範天下百姓。這就是說，君主要在一切事務和場合中，以德感人，以理服人，以身作則。對此，孔子寫道：「臨之以莊，則敬；孝慈，則忠；舉善而教不能，則勸。」（《論語．爲政》）在他看來，統治者對待老百姓的事情嚴肅認眞，老百姓對他的命令也會言聽計從；統治者帶頭孝敬父母，慈愛幼小，老百姓就會對他盡心竭力；統治者喜歡重用有才能的人，教導沒有才能的人，老百姓就會相互勉勵。在這裡，沒有強制，沒有逼迫，更沒有威脅和利益誘導。老百姓之所以對統治者竭力而爲、聽從指揮，是統治者的人格魅力使然。

有一次，魯哀公的正卿季康子向孔子請教政治，問道：「殺無道，以就有道，何如？」孔子對曰：「子爲政，焉用殺？子欲焉而民善矣。君子之德風，小人之德草。草上之風，必偃。」（《論語．顏淵》）孔子的回答是說，只要您想把國家治理好，老百姓自然會好起來。原因是領導人的作風好比是風，老百姓的作風好比是草。風向哪邊吹，草自然向哪邊倒。既然治理國家的關鍵是統治者向哪個方向引導，起決定作用的是統治者的道德感化，還用什麼殺戮之類的酷刑呢？這樣一來，不難想像：「上好禮，則民莫敢不敬；上好義，則民莫敢不服；上好信，則民莫敢不用情。」（《論語．子路》）既然仁、義、禮、智足以治理好國家，刑罰或殺戮哪還能派得上用場呢？

由此可見，孔子論政，始終強調統治者以身作則的帶頭作用。對於政治，孔子的定義是：「政者，正也。子帥以正，孰敢不正？」（《論語・顏淵》）在他看來，所謂的政治，就是統治者率先端正自己。如果統治者率先端正了自己的行爲，老百姓誰還敢不端正自己呢？對於統治者來說，「其身正，不令而行；其身不正，雖令而不從。」（《論語・顏淵》）統治者自身的思想和行爲端正，那麼，不用發布命令，事情也行得通；如果他們自身不正，雖然三令五申，老百姓也不會信從。於是，孔子得出了這樣的結論：「苟正其身矣，於從政乎何有？不能正其身，如正人何？」（《論語・顏淵》）這就是說，是否能自正其身，是統治者能否治理好國家的關鍵。如果說統治者帶頭端正了自己的思想和行爲，那麼，上行下效，治理好老百姓便沒有困難；否則，如果當權者連自己都端正不了，那還談什麼端正別人呢！這表明，孔子論政，強調統治者的表率作用，體現了中國古代的聖王、賢君或明主情結。這一期盼與墨家「尙同」、在上同於天的大背景下渴望君主的上行下傚之功如出一轍。

二、「使民以時」、輕徵薄斂——必要的經濟措施

本著仁者愛人的精神，孔子尊重老百姓的生命權和生存權利。這一原則表現在統治方法上便是採取一定的經濟保護措施，保證老百姓最起碼的生存和生活。德治要求統治者「使民以時」，不在農忙時擾民，以確保境內之民有充足的時間適時播種、除草和收割，先解決好溫飽問題。在經濟措施方面，除了興修土木、攤派徭役避開農時外，孔子的德治理想還要求統治者輕徵薄斂，減輕老百姓的經濟負擔。

此外，孔子提倡先富後教。設想在保證老百姓基本生活的前提下，再設立庠序之學，實施教育，督之向善。

三、禮樂教化——德治的必要手段和有力保障

禮樂教化歷來是德治思想的內容之一，這一慣例在孔子這裡同樣適用。統治者如何能堅定地推行德治？老百姓爲什麼會欣然接受德治？在此，教育起了舉足輕重的作用。孔子深刻認識到了教育的作用，得出了「君子學道則愛人，小人學道則易使也」（《論語・陽貨》）的結論。愛人，便可推行德治之道；易使，便可接受德治。無論對於統治者還是被統治者而言，教育都是極

其必要的。這眞切地道出了孔子的德治思想與教育思想的密切聯繫。具體地說，孔子的教育思想可以說是倫理思想和政治思想的一個方面，而他的倫理和政治思想則是教育思想的主要內容和目的。正是基於教育與政治、與倫理的這種關係，孔子非常重視教育，是中國歷史上第一個開辦私塾、收徒講學的人。孔子主張「有教無類」，不分等級、貧富和地域廣收門徒。他表白說，凡是帶著微薄的見面禮而來的，自己未嘗不誨也。那麼，具體地說，對於來者不拒的廣大學生，孔子都教以什麼內容呢？據《論語》記載：「子以四教：文、行、忠、信。」文指歷史文獻，行指社會生活中的道德實踐，忠信指對待別人的忠誠和與人交際的信實，在這裡，通指道德。不難看出，在孔子這裡，無論是收授門徒的普遍性還是教育內容的倫理側重都是爲德治服務的——前者適應德治的普適性，後者立足於德治的輿論導向作用。

第四節　儒家德治傳統的當代審視

由於孔子本人的思想魅力，也由於孔子確立的儒家在中國歷史上的主導地位，德治一直是中國古代社會治理國家的主要手段。建構社會主義和諧社會需要法制，也離不開道德。正如今天的「以法治國」與歷史上法家的主張不可同日而語一樣，今天的德治理念與孔子以及儒家的主張也有本質區別。儘管如此，孔子的德治主張仍然具有不可否認的現實意義，給人以深刻的歷史啓示。

一、德治的人學根基

由於源遠流長、人物眾多，儒家的定義歷來歧義叢生。儘管如此，儒家具有兩個標誌性的產品，一個是天命論，一個是以德治國。對於二者之間的內在聯繫，學術界關注不多。其實，天命論與德治是互爲論證的：有了天命論的前提之後，德治不再是無稽之談，而是有備而來，人只有用道德手段修身養性才能應對上天對人的命運的主宰。孔子以及儒家天命論的主旨意在告訴人們，上天的命令就是讓人踐履道德。正是循著這個邏輯，孟子要求人們「居仁之安宅」、「行義之正路」，以求正命，告誡人們不要立於嚴牆之下。到了宋明理學那裡，理就是天，天就是天理。義理之天的出現不僅使其本體哲學呈現出道德本位的理論特色，而且使天找到了最佳的現實土壤，具有了人學品質，不再虛無縹緲、若有若無，從而確保了其存在的確定性和眞實性。

平心而論，對於孔子代表的儒家以天命論爲立論根基爲德治尋找理論依據的做法，我們並不苟同。然而，他們的努力方向卻值得深思——無論是「以德治國」還是「依法治國」，都應該以人的存在、人的需要、人的價值以及人的發展爲基礎。這不僅是一個制度問題或一種行政手段，而且從根本上說是一種形上思考和人學關照。否則，離開了對現實人的關注，不考慮人的需要、人的本性和全面發展，無論是德治還是法治都難以落到實處而最終淪於空談。這是孔子德治思想留給今人的最大啓示。

二、道德與法律、德治與法治的相輔相成

孔子嚮往德治，主張以道德來治理國家，卻並不完全否認法律的作用。孔子說：「君子懷刑，小人懷惠。」（《論語・里仁》）君子心中時刻懷念著法度，只有小人才總是想著恩惠。由此看來，在如何治理國家的問題上，孔子給予了法律一定的地位。只不過是在孔子看來，對於道德與法律這兩種手段而言，只能以道德爲主、法律爲輔罷了。孔子的這一思想，後來成爲儒家的主要理論支柱。與道家相比，孔子的德治積極入世，與人爲善，熱衷於人際關係的和諧。與法家相比，有別於殘暴、酷烈的鐵血政治，孔子對老百姓寄予了深切的關注和同情，勸誡統治者體察民情、體恤民意，具有一定的民主傾向。孔子德治主張的這一思想端倪在孟子那裡得到了充分發揮，成爲民本思想的集中體現。以孔子爲代表的儒家的德治主張爲歷代統治者所推崇和標榜。

孔子對德與刑的態度昭示人們，德治與法制不僅不相互矛盾、勢不兩立，相反卻相輔相成、相得益彰：一方面，德治作爲自律手段有效地保障了法制的推行和實施；另一方面，法制作爲他律手段強有力地維護了德治的秩序和環境。儘管方法和手段有自覺與強制之別，然而，二者對於規範個人、國家的權利與義務同樣不可或缺。只有擺正道德與法律的關係，使二者成爲和諧的有機整體，才能確保社會的長治久安和健康發展。

第十五章　墨子的「以尚賢使能爲政」

墨子關心天下和國家大事，並且擁有自己的政治理念和訴求。這些構成了墨子獨特的政治觀。墨家與儒家一樣主張「尚賢」，兩家所講的「尚賢」無論內涵還是辦法都不可同日而語。墨家的「尚賢」主張代表了平民的立場和心聲，出身於小手工業者的墨子主張「尚賢」，是爲了呼籲統治者不分門第、貴賤、貧富和親疏任用賢德之人從事行政管理工作。「以尚賢使能爲政」既是墨子政治觀的集中表達，又充分展示了墨子的政治哲學。作爲墨子政治哲學的核心命題，「以尚賢使能爲政」不僅具有濃鬱的墨學特色，而且濃縮了墨子政治思想的精髓。因此，深入辨析「以尚賢使能爲政」不僅是瞭解墨子政治哲學的必由之路，而且對先秦乃至整個中國古代政治哲學的研究都有不可替代的推動作用。

第一節　「尚賢使能」與爲政之本

作爲下層民眾的思想代表和熱心公共事務的社會活動家，墨子體恤民情、深諳時事。他一針見血地指出：「貧且亂政之本。」（《墨子・非儒下》）在墨子看來，改變國家的貧窮和混亂狀況是爲政的根本，這是政治工作的重中之重，一切行政事務和爲政方針都應該以此爲中心。這表明，扭轉國家的貧窮以及混亂局面是墨子政治哲學的邏輯前提和理論初衷；只有從這一點入手，才能深刻領會墨子政治哲學的精神實質。

首先，墨子所講的「貧且亂政之本」具體表現爲兩個方面：第一，貧、亂、寡和不相愛是爲政的難點和障礙，只有從根本上杜絕這些現象，才能使天下得到治理。崇尚務實精神的墨子把經濟環境和物質條件納入政治哲學的視野，視國家和老百姓的貧窮爲治國的第一要務。墨子從社會底層走來，對老百姓貧困、飢寒的生活境遇充滿同情。他寫道：「民有三患：饑者不得食，寒者不得衣，勞者不得息。三者，民之巨患也。」（《墨子・非樂上》）在墨子的民之巨患之中，如果說貧和饑屬於經濟環境和物質條件的話，那麼，亂則含納了政治環境和人際關係等內容。在解決了溫飽問題之後，亂更顯得迫切和突出。貧和亂最終又導致了人口少（寡）：一方面，貧和亂的社會環境及其惡劣的生存條件導致人丁不旺；另一方面，國與國、家與家的相攻相伐導致人口銳減和遠者不來。總之，貧、亂和寡是國家治理的瓶頸，改變這種局面是治理國家的頭等大事。第二，爲政的目標是與貧、亂、寡相對的富、治、眾，其中既有大利——天、鬼、百姓之利無所不利，又有天下太平、國家百姓富足和人丁興旺。

不難看出，正如貧亂與富治相比較而存在、既對立又統一一樣，在墨子的政治哲學中，爲政的難點與爲政的目標是相輔相成的。這意味著解決難題、剷除障礙與達到目標是一個問題的兩個方面，只有排除其一之現狀，才能達到其二之理想；反過來也是一樣，若達到了其二之境界，自然也就杜絕了其一之現象。

墨子強調，弄清爲政的難點和障礙、確定爲政的目標，是治理國家的第一步。正如醫生治病必須先知道「疾之所自起」一樣，治理國家應該從「知亂之所自起」。對此，墨子舉例論證說，古代的王公大人都想把國家治理好，可結果卻總是事與願違：「然而不得富而得貧，不得眾而得寡，不得治而得亂，則是本失其所欲，得其所惡。是其故何也？……是在王公大人爲政於國家者，不能以尚賢事能爲政也。是故國家有賢良之士眾，則國家之治厚；賢良之士寡，則國家之治薄。故大人之務，將在於眾賢而已。」（《墨子・尚賢上》）這究竟爲什麼呢？墨子分析說，王公大人滿懷著得富、得眾、得治的美好願望治理國家，結果卻適得其反。導致這種動機與效果相差懸殊的原因是，沒有任用賢能之人從事行政管理工作。依據墨子的說法，賢良之士與國家之治之間存在著必然的因果關係——「賢良之士眾，則國家之治厚；賢良之士寡，則國家之治薄」。循著這個邏輯，由於賢良之士的匱乏和欠缺，儘管王公大人願望良好，也會出現「不得富而得貧，不得眾而得寡，不得治而得亂，則是本失其所欲，得其所惡」的後果。鑒於國家的治亂關鍵取決於賢良之士的多少，墨子得出了如下結論：「夫尚賢者，政之本也。」（《墨子・尚賢上》）至此，墨子把「尚賢」奉為政之本、把國家治理和天下太平的希望寄託於賢良之士的身上，並且發出了「以尚賢使能為政」的呼籲。在墨子那裡，「以尚賢使能為政」既是政治哲學的基本原則和指導方針，也是治理國家的基本方法和實際操作。

其次，墨子強調，為了使「以尚賢使能為政」落到實處、真正貫徹「尚賢」的原則方針，必須打破尊卑貴賤的等級界線，堅決抵制世卿世祿和任人唯親。為此，墨子不止一次地大聲疾呼：

> 故官無常貴而民無終賤，有能則舉之，無能則下之。（《墨子・尚賢上》）

> 不黨父兄，不偏貴富，不嬖顏色。賢者舉而上之，富而貴之，以為官長；不肖者抑而廢之，貧而賤之，以為徒役。（《墨子・尚賢中》）

墨子對「以尚賢使能為政」如此器重，使人不禁要問：何為「尚賢使能」？「尚賢使能」何以是為政之本？「尚賢使能」何以能使國家得富得治且得眾？

在墨子那裡，「尚賢」與「使能」、「親士」主旨相同，簡言之，都是指不分貧富、貴賤、遠近和親疏任用人才；具體辦法是，賢德者提升，不肖者罷免。這用墨子本人的話說便是：「不辯貧富、貴賤、遠邇、親疏，賢者舉而尚之，不肖者抑而廢之。」（《墨子・尚賢中》）儘管如此，就墨子本人的話語方式和表述習慣而言，對於「尚賢」與「使能」、「親士」，「尚賢」的使用頻率最高，其次是「（尚賢）使能」，「親士」排在最後。與「尚賢」與「使能」、「親士」相似，賢、能和士均指德行忠厚、知識淵博、具有非凡才能和一技之長者，三者都是墨子推舉的對象。相比較而言，墨子尤其對賢者傾慕不已，盛讚他們「厚乎德行，辯乎言談，博乎道術」（《墨子・尚賢上》）。值得注意的是，無論墨子所講的賢、能還是士，都是全才而非偏才。正如賢者必須德才兼備、同時「厚乎德行，辯乎言談，博乎道術」——德行、言談和道術三者兼備而一個都不能少一樣，墨子所親之士是「兼士」。這些共同證明，墨子所尚之賢是複合型或綜合型人才而非某一方面的專家，當然也不可能是儒家所崇尚的道德楷模。

知曉了賢者即賢良、聖知（智慧）和辯慧之人，則不難看出他們具備的道德素質和技術能力滿足了墨子為政的需要：一方面，貧且亂的為政難點和障礙等待著具有特定能力的人來解決，也為賢者施展才能提供了契機。另一方面，賢者擁有敦厚的道德恪守，他們廢寢忘食、兢兢業業的工作態度和治國理財的超常能力使國家的一切井井有條。由此不難發現，任用賢者從政，國家可以收到富、治和眾之效，賢者的政治素質和道德修養又使他們「兼愛」「非攻」，於是，天下之人共披天賞之恩澤。

賢者爲政的美好前景令人神往，也使確保賢者爲政變得至關重要起來。爲此，墨子提出了比較完備的考察、考核措施。這具體包括任用前試用、任上監督和任後評論三個方面。對於人事考核及監督機制，墨子建構了言、行、能一條龍的機制，「聽其言，跡其行，察其所能而愼予官」（《墨子·尚賢中》）。墨子堅信，通過如此手段，可以達到在位者皆賢的境界：「故可使治國者，使治國；可使長官者，使長官；可使治邑者，使治邑。凡所使治國家、官府、邑里，此皆國之賢者也。」（《墨子·尚賢中》）依據墨子的設想，一個人有何德何能，便授何等地位。這樣一來，既杜絕了人才的濫用，又避免了無能者受祿。

總之，在墨子的政治哲學中，不論爲政難題的切入還是爲政目標的設立都體現了「以尚賢使能爲政」的必要性和迫切性。墨子政治哲學的基本原則更是直接伸張了「以尚賢使能爲政」的正當性和合理性，從而使「尚賢」在他的政治哲學中脫穎而出，成爲最切實的落腳點和最適當的入手處，進而在整個政治哲學中佔有無可比擬的優越地位。

第二節　「尚賢使能」與墨子的功利主義原則

與「觀其中國家百姓人民之利」的眞理觀一脈相承，墨子的政治哲學是現實的而非理想的、功利的而非道德的。具體地說，他的政治目標具有強烈的功利性，作爲爲政目標和操作手段的「尚賢使能」必然帶有不可抹殺的功利色彩。可以看到，無論墨子對於「以尚賢使能爲政」的理論策劃還是實際操作無不體現著功利主義的精神和原則。其實，「以尚賢使能爲政」是墨子的功利訴求在政治哲學領域的具體貫徹和運用，集中體現了墨子對功利的追逐以及功利主義的處世原則和思維邏輯。

首先，從理論初衷和行爲目標來看，墨子之所以主張「以尚賢使能爲政」以及統治者不應任人唯親而應任人唯賢，不是道德廉潔的表現，而是利的權衡。墨子對「以尚賢使能爲政」的必要性的說明已經流露出這一思想端倪，對任人唯親後果的擔憂更是淋漓盡致地表達了這一思想。對於任人唯親的種種弊端，墨子深惡痛絕。他寫道：

> 今天下之士君子，皆欲富貴而惡貧賤，然女何爲而得富貴而辟貧賤哉？曰：莫若爲王公大人骨肉之親。無王公大人骨肉之親、無故富貴、面目美好者，此非可學能者也。使不辯，德行之厚若禹、湯、文、武，不加得也；王公大人骨肉之親，躄、瘖、聾，暴爲桀、紂，不加失也。是故以賞不當賢，罰不當暴。其所賞者，已無故矣；其所罰者，亦無罪。是以使百姓皆攸心解體，沮以爲善，垂其股肱之力，而不相勞來也；腐臭餘財，而不相分資也；隱慝良道，而不相教誨也。(《墨子・尚賢下》)

在墨子的視界中，一邊是任人唯親不僅挫傷了人積極進取的積極性和主動性，而且傷財並引起社會的財富不均；一邊是任人唯賢則有百利而無一害。任人唯親與任人唯賢的後果一目了然，彼此之間形成了強烈對比。對此，墨子寫道：

> 賢者之治國也，蚤朝晏退，聽獄治政，是以國家治而刑法正。賢者之長官也，夜寢夙興，收斂關市、山林、澤梁之利，以實官府，是以官府實而財不散。賢者之治邑也，蚤出莫入，耕稼樹藝，聚菽粟，是以菽粟多而民足乎食。故國家治則刑法正，官府實則萬民富。上有以絜爲酒醴粢盛，以祭祀天鬼；外有以爲皮幣，與四鄰諸侯交接；內有以食饑息勞，將養其萬民；外有以懷天下之賢人。是故上者天鬼富之，外者諸侯與之，內者萬民親之，賢人歸之。以此謀事則得，舉事則成，入守則固，出誅則彊。(《墨子・尚賢中》)

按照墨子的解釋，「尚賢」就是利用多才、善行之賢者治理國家、官府和邑里。從功利的角度看，「尚賢」是天之所欲，行之必然獲取天賞，還可以使國家、百姓得利。基於這一認識，墨子強調，任用賢者、「以尚賢使能爲政」能使賢者、國家和個人多方獲利。既然「尚賢」是有百利而無一害之舉，對於政治、經濟、宗教、外交和國家、官府、邑里以及天、鬼、人都有利，難怪墨子奉之爲「政事之本」。於是，墨子呼籲：「尚賢者，天鬼、百姓之利，而政事之本也。」(《墨子・尚賢下》)

由此可以看出，與其說墨子偏愛「尚賢」，毋寧說墨子對任人唯賢與任人唯親後果的鮮明對比有所觸動，對任人唯賢的後果更感興趣。這從一個側面表明，「尚賢」在墨子那裡充其量是一種理性的選擇，更多的並非情感好惡。正是基於對任人唯親與任人唯賢正反兩方面的考察，出於利的權衡，墨子最終選擇了「以尚賢使能爲政」。

其次，從具體措施和實際操作來看，爲了不分親疏、門第擢舉賢能之士，墨子的呼籲從兩方面展開：一面建議撇開門戶、等級觀念，力排任人唯親；一面提議加大對賢德之人的獎賞力度，對賢德之人「必將富之，貴之，敬之，譽之」(《墨子·尚賢上》)。按照墨子的設想，對賢德之人的獎賞是全方位的，從財富、地位、待遇到權利應有盡有。對此，墨子強調：「過予之（指賢者、下同——引者注）爵，重予之祿，任之以事，斷予之令。」(《墨子·尚賢中》) 否則，賢德之人「爵位不高，則民不敬也；蓄祿不厚，則民不言也；政令不斷，則民不畏也。」(《墨子·尚賢中》) 有鑑於此，墨子把爵高、祿厚和令斷視爲「尚賢使能」之三本。

透過墨子提出的獎勵賢德之人的措施可以看出，在「尚賢使能」的具體方法和行政措施上，墨子貫徹的指導思想便是提高待遇，用利來籠絡人才。因此，在墨子提出的獎勵機制中，有經濟待遇，也有社會地位的提升，卻偏偏沒把政治抱負的施展、政治氣氛的寬鬆和政治環境的自由等考慮在內。與此相印證，在墨子爲賢者設計的待遇中，始終把經濟待遇和物質利益看得很重，反覆申明只給賢者空名、有名分而無實際好處還不夠，社會地位一定要伴著經濟地位的提高才有意義。這用墨子本人的話說便是：「夫高爵而無祿，民不信也。」(《墨子·尚賢中》) 關於治國方法，正如追求道德完善的儒家青睞禮樂教化一樣，熱衷功利的墨子把利之誘導視作爲政之方。他指出：「古者明王聖人所以王天下、正諸侯者，彼其愛民謹忠，利民謹厚；忠信相連，又示之以利。」(《墨子·節用中》) 如此看來，治理國家非常簡單——「上之所以使下者，一物也」(《墨子·尚賢上》)。此處之「一物」，就是利。這再次表明，在墨子的治國措施和行政方略中，利是一個重要的法碼和手段。當然，在被示以利的人群中，賢德之士佔據顯著位置——既是上示之以利的獲利者，又是給國家、人民帶來實際利益的創利者。

再次，從行爲後果和社會效應來看，墨子堅信，只有「尚賢使能」，才會使社會收效無窮：第一，墨子認爲人是環境的產物，國與士皆有所染。根據所染原則，人們看到貧賤者被重用之後，受利益的驅使，會產生連鎖反應——富貴者和近權者不再居高自恃，貧賤者和遠權者也不再自暴自棄。如此一來，所有人都爭先恐後、自強勤勉，從而使整個國家和社會收到賞善罰惡、勸善教化的效果。第二，墨子認爲，由於賢者具有非凡才能和一技之長，任用他們治國理政可以使社會安定、政治清明、百姓豐衣足食、遠離飢寒。墨子宣稱：「則王公大人明乎以尚賢使能爲政，是以民無饑而不得食，寒而不得衣，勞而不得息，亂而不得治者。」（《墨子・尚賢中》）正因爲賢能才俊具有非凡本領、一技之長和完滿道德，所以，「尚賢使能」便是一舉三得之策——上利於天、中利於鬼、下利於人。於是，墨子如是說：「惟法其言，用其謀，行其道，上可而利天，中可而利鬼，下可而利人，是故推而上之。」（《墨子・尚賢下》）

最後，「尚賢使能」體現了墨子追逐功利的價値意趣和思想原則。出於功利的考慮、戴著功利的眼鏡，墨子把世界和人都功利化，把人的所有關係都視爲利益關係——人與人之間是利益關係，人與天、鬼之間的關係也不例外。對於君臣、父子之間赤裸裸的利益關係，墨子有過經典表述：「故雖有賢君，不愛無功之臣；雖有慈父，不愛無益之子。」（《墨子・親士》）在此，君臣之間隱去了上下尊卑的神聖權利和義務，父子之間淡漠了血濃於水的自然親情，一切都被功利所左右。

循著同樣的邏輯，墨子認爲，賢德之士與國家、與王公大人乃至與普通人之間也是利益關係，相互間是互利互惠的：一方面，王公大人舉賢而用是出於利的考慮，即賢德之士可以爲國家帶來好處，何況「尚賢」還可以得到天賞。從這個意義上說，賢德之士被舉並非幸運或無故，而是因爲他可以給國家帶來大利。這是賢德之士被任用的前提條件。另一方面，賢能之士一旦被舉，好處便滾滾而來，從社會地位的提高、經濟利益的提升到物質財富的獎勵等等。在此，賢者、國家和他人同時獲利，皆大歡喜。從這個意義上說，賢者不是無功受祿，國家也不會無故授祿，這是雙方利益的交換。

作爲墨子政治哲學的縮影，「以尚賢使能爲政」流露的功利原則暗示了墨子整個政治哲學的功利旨趣和思想主旨。事實正是如此，據載《墨子》書：

> 子墨子游，魏越曰：「既得見四方之君，子則將先語？」子墨子曰：「凡入國，必擇務而從事焉。國家昏亂，則語之尚賢、尚同；國家貧，則語之節用、節葬；國家喜音湛湎，則語之非樂、非命；國家淫僻無禮，則語之尊天、事鬼；國家務奪侵凌，即語之兼愛、非曰，擇務而從事焉。」（《墨子・魯問》）

從墨子的對答中，足以澄清兩個基本問題：第一，政治哲學是墨子全部學說的核心。在上述引文中，墨子逐一列舉了自己的觀點，從「尙賢」「尙同」「節用」「節葬」「非樂」「非命」到「天志」（尊天）、「明鬼」（事鬼）、「兼愛」和「非攻」等幾乎無一遺漏，而所有這些觀點都是以游說國君的治國之方的身份出現的，這種身份有力地證明了墨子視之爲治國方略或手段，屬於政治哲學的範疇。墨子的這一做法把政治哲學推向了整個思想的核心位置。第二，墨子的政治哲學是圍繞著利——利國（他往往表述爲利天下即「興天下之利，除天下之害」）這一最終目的展開的。墨子進入一個國家不是把自己的全部學說合盤托出，而是選擇「從事」，選擇的標準是針對這個國家的實際情況有備而來，因病施治。那麼，墨子根據國家的實際情況選擇的理論側重試圖解決哪些問題呢？主要是政治（昏亂）問題和經濟問題。對於這些問題，墨子主要從功利主義（經濟價值）的角度予以考慮和權衡，進而提出解決方案。這再次表明了墨子整個政治哲學的功利主義傾向。

第三節　「以尙賢使能爲政」與墨子的政治原則和行政措施

「以尙賢使能爲政」表達了墨子的政治訴求，也顯示了他的政治哲學秉持功利主義的價值旨趣。不僅如此，爲了論證政治哲學以功利爲訴求的正當性和合理性，墨子搬出了「天志」和法先王等法寶，「以尙賢使能爲政」與「天志」和法先王的理論同盟就此展開。其實，除了「天志」和法先王之外，「以尙賢使能爲政」還與「尙同」「貴義」「兼愛」和「非攻」等具有內在的理論關聯。圍繞著「以尙賢使能爲政」生成的一系列關係再現了墨子對這一命題的合理性和正當性的理論證明，同時也折射出以功利爲訴求的政治哲學在墨子整個思想體系中不可替代的重要作用。

一、「尙賢使能」與「天志」

墨子是虔誠的天本論者，認爲宇宙間的一切都是上天創造的，並且宣稱上天具有意志，可以對人的行爲進行賞罰，人的一切言行必須以「天志」爲是非標準。對於這一點，《墨子》一書記載：

是故子墨子之有天志，辟人無以異乎輪人之有規，匠人之有矩

> 也。今夫輪人操其規，將以量度天下之圜與不圜也，曰：「中吾規者謂之圜，不中吾規者謂之不圜。」是以圜與不圜，皆可得而知也。此其故何？則圜法明也。匠人亦操其矩，將以量度天下之方與不方也，曰：「中吾矩者謂之方，不中吾矩者謂之不方。」是以方與不方，皆可得而知之。此其故何？則方法明也。故子墨子之有天之意也，上將以度天下之王公大人爲刑政也，下將以量天下之萬民爲文學、出言談也。觀其行，順天之意，謂之善意行；反天之意，謂之不善意行。觀其言談，順天之意，謂之善言談；反天之意，謂之不善言談。觀其刑政，順天之意，謂之善刑政；反天之意，謂之不善刑政。故置此以爲法，立此以爲儀，將以量度天下之王公大人卿大夫之仁與不仁，譬之猶分黑白也。(《墨子・天志中》)

以天之志度人之言行之是非是墨子「天志」說的一部分，也使他的政治哲學成爲以天爲法的「行爲哲學」。於是，「莫若法天」、爲天之所欲和不爲天所不欲便成了人們一切言行的指導思想和行爲路線，也成爲墨子政治哲學的組成部分。有鑑於此，在爲「尚賢」奔走呼號時，爲了增強這一主張的權威性、正當性和說服力，墨子打出上天的旗號，把「尚賢」說成是天之所欲。墨子宣稱：「是故選天下之賢可者，立以爲天子。」（《墨子・尚同上》）在這裡，「選」作爲動詞出現，是謂語，「選」的賓語是緊隨其後的人——「天下之賢可者」。問題的關鍵是，誰在選？選的主語是誰？換言之，「天下之賢可者」是誰選出來的？根據墨子的一貫主張和君權神授的原則，有資格享有爲天子「加冕」殊榮的非上天莫屬。這就是說，選的主語是——也只能是天。按照墨子的說法，天選賢而立。這一事實表明，「尚賢」不僅是天之志，而且是天之行。

進而言之，對於墨子來說，上天是人們傚仿的榜樣，上天的「尚賢」之志與行便是人類社會的治理原則和統治方案。因此，墨子斷言：「故古聖王以審以尚賢使能爲政，而取法於天。雖天亦不辯貧富、貴賤、遠邇、親疏，賢者舉而尚之，不肖者抑而廢之。」（《墨子・尚賢中》）按照這種說法，「以尚賢使能爲政」作爲人「取法於天」的結果，便由此具有了合理的地位和高貴的出處，古代聖王的法天之舉則爲之錦上添花。

值得注意的是，「以尚賢使能爲政」與「天志」之間是互動的：一方面，上天伸張了「以尚賢使能爲政」的權威性、合理性和正當性——「以尚賢使能為政」是「天志」的具體內容之一，從這個意義上說，「天志」的正當性和權威性本身就包含了「以尚賢使能為政」的正當性和權威性。另一方面，「以尚賢使能為政」在理論上確證了「天志」的存在，在實踐上保障了「天志」的貫徹實施——作為本體哲學的範疇，「天志」是一種形而上的存在，是「以尚賢使能為政」使之具有了形而下的屬性；更為重要的是，其鮮明的操作性使「天志」從觀念形態轉化成實際行動。對於「以尚賢使能為政」與「天志」之間的關係，學術界往往只強調第一方面，而忽視第二方面。於是，使二者之間的互動關係演繹成為單向度的決定關係。這是不全面的，也不利於對「以尚賢使能為政」在墨子政治哲學中的地位和作用的認識。

與此同時，「以尚賢使能為政」與「天志」之間的雙向互動關係從一個側面凸顯了墨子本體哲學與政治哲學的互為表裏，相得益彰。在墨子哲學中，就主導傾向而言，「天志」屬於本體範疇，「以尚賢使能為政」則側重政治領域。二者的互動關係表明，當作為政治訴求的「以尚賢使能為政」要到作為本體哲學的「天志」那裡伸張合理性、尋找身份證明時，便被打上了形上印記，也因而擁有了形上意蘊；反過來，當形而上之「天志」要在人類社會的「以尚賢使能為政」中伸張、貫徹和實施時，天國的神韻便抵擋不住人間煙火的薰染，形下意蘊驟增，從而變得日常化和生活化起來。在這個過程中，如果說前者反映了墨子本體哲學的政治化的話，那麼，後者則突出了墨子政治哲學的本體化。

二、「尚賢使能」與「尚同」

在墨子看來，人之言行「莫若法天」，治理國家的政治綱領和行政舉措也不例外。具體地說，「尚同」是天之志，人的行為必須法天決定了「尚同」是為政必須遵循的原則，這與「天志」是判斷人之言行的是非標準別無二致，也是理解「尚同」在墨子政治哲學中的地位、意義的本體前提和思維邏輯。儘管如此，問題到此並沒有結束，墨子對「尚同」極其器重，奉之為「為政之本」。對此，他反覆聲明：

> 今天下之王公大人士君子，請將欲富其國家，眾其人民，治其刑政，定其社稷，當若尚同之不可不察，此之本也。(《墨子・尚同中》)
>
> 尚同為政之本而治要也。(《墨子・尚同下》)

按照這種說法，「尚同」不僅是政治原則，而且是具體措施，故而稱爲「爲政之本」。進而言之，「尚同」因何是爲政之本？墨子解釋說：「上之爲政，得下之情則治，不得下之情則亂。」（《墨子・尚同下》）這就是說，「尚同」直接決定國家之治亂，由於是政治之本，「尚同」也由此成爲「爲政之本」。面對墨子的解釋，人們不禁要問：緣何「尚同」得治，反之則亂？墨子給出的解釋是，得下之情「則得善人而賞之，得暴人而罰之也。善人賞而暴人罰，則國必治」（《墨子・尚同下》）。由此可知，爲政就是爲了使天下得到治理，而爲得天下之治，必先得下之情；而爲得天下之情，必須先「尚同」，因爲「尚同」恰恰是得下之情的最佳方法和途徑。循著這個邏輯，爲了更好地通下之情，也爲了眞正地賞善罰暴，墨子急切呼籲：「以尚同一義爲政故也。」（《墨子・尚同下》）

依據墨子的分析，天下之大亂，不是由於棄義而是由於沒有「尚同」而導致的義之不同：「是以一人則一義，二人則二義，十人則十義。其人茲眾，其所謂義者亦茲眾。」（《墨子・尚同上》）要想改變「一人一義，十人十義，百人百義，千人千義。逮至人之眾不可勝計也，則其所謂義者亦不可勝計」（《墨子・尚同下》）的局面，必須使天下同尙一義，這個過程就是「尚同」。按照墨子的理解，「尚同」即人同於家、家同於國、國同於天下、天下（天子）同於上天，其中的一項重要指標就是天下「一義」——同於上天之義。

墨子強調，爲了保證「以尚同一義爲政」路線的實施，必須「以尚賢使能爲政」。在他的設想中，天以「尚賢」爲原則替人間選擇了天子之後，「天子立，以其力爲未足，又選擇天下之賢可者，置立之以爲三公。……諸侯國君既已立，以其力爲未足，又選擇其國之賢可者，置立之以爲正長。」（《墨子・尚同上》）這樣一來，由於選擇的標準是「尚賢使能」，從而確保了各級管理天下者都是賢德之人（仁人）。爲此，墨子不止一次地沾沾自喜：

> 里長者，里之仁人也。……鄉長者，鄉之仁人也。……國君者，國之仁人也。（《墨子・尚同上》）
>
> 天子者，固天下之仁人也。（《墨子・尚同中》）

在墨子的視界中，反過來也一樣，正因爲上自天子下至鄉長各級官員都是賢能之人，從而保證了爲政行爲上同於天，從而達到了義出自天子——最終出於天，「唯能以尚同一義爲政」（《墨子・尚同下》）的效果和目的。至此，「尚同」的行政原則（「政之本」）和統治之方（「治要」）都具體轉化爲「以尚賢使能爲政」。

上述內容顯示，在墨子的思想中，「以尚賢使能爲政」與「尚同」的關係是辯證的，應該從兩個不同的方向去理解。

一方面，「以尚賢使能爲政」與「尚同」具有驚人的相同之處：第一，都是「天志」的具體內容，擁有相同的本體意蘊和合理身份。第二，同是「爲政之本」，都是墨子政治哲學的指導思想和行爲原則。第三，目的和意義相同，都是「天志」的實現和天下太平、國家治理。

另一方面，「以尚賢使能爲政」與「尚同」具有不容忽視的差異，故而不可對二者等量齊觀：第一，在思想內涵和理論側重上，「尚同」的主要內容之一便是上同於天。在這個意義上，「以尚賢使能爲政」本身就是「尚同」——上同於天的一種表現。「尚同」不能被說成是「以尚賢使能爲政」，因爲除此之外，「尚同」還包括「欲義」「兼愛」和「非攻」等內容。第二，在具體方法和行政操作上，「尚同」的貫徹必須「以尚賢使能爲政」，而「以尚賢使能爲政」本身就是「尚同」的一種具體表現和實際行動。從這個意義上說，「以尚賢使能爲政」是手段，「尚同」才是眞正的目的和意義所在。

三、「尚賢使能」與「貴義」

根據法天、以「天志」爲是非的一貫邏輯，當墨子宣布「天欲義而惡不義」時，義便順理成章地成爲人們的行爲原則。對於義，他宣稱：「天欲義而惡不義。……然則何以知天之欲義而惡不義？曰：天下有義則生，無義則死；有義則富，無義則貧；有義則治，無義則亂。」（《墨子・天志上》）墨子的這一說法使義與他的政治哲學締結了不解之緣。依照墨子的一貫主張，貧和亂是爲政的障礙，富和治是爲政的目標。無義、有義與貧亂、富治之間的一一對應關係證明了義對於國家治理的至關重要性，也堅定了墨子「用義爲政於國家」的信心。於是，他宣稱：「今用義爲政於國家，人民必眾，刑政必治，社稷必安。所爲貴良寶者，可以利民也，而義可以利人。故曰：義，天下之良寶也。」（《墨子・耕柱》）在墨子看來，「用義爲政於國家」能夠收到眾、治和安的效果，因此，義是治理天下的法寶。正是在這個意義上，他進一步提出了「義者，政也」的命題。對此，墨子指出：

> 且夫義者，政也。無從下之政上，必從上之政下。是故庶人竭力從事，未得次己而爲政，有士政之；士竭力從事，未得次己而爲

政，有將軍大夫政之；將軍大夫竭力從事，未得次己而爲政，有三公諸侯政之；三公諸侯竭力聽治，未得次己而爲政，有天子政之；天子未得次己而爲政，有天政之。（《墨子・天志上》）

由此可見，墨子所講的「義者，政也」的眞實含義便是天爲政於天子、天子爲政於三公、三公爲政於諸侯、諸侯爲政於士、士爲政於庶人，這是一條自上而下的上層路線。墨子強調，天下之亂起於一人一義、千人千義，爲政必須「尙同一義」。在這方面，「義者，政也」本身即蘊涵著「尙同一義」的原則，二者具有內在的一致性。這條上爲政於下的行政路線一面肩負著「天下一義」的重任，一面履行著義出於天的使命。正是兩方面的相互配合，使義之政成爲善政。正是在這個意義上，墨子宣稱：「義者，善政也。」（《墨子・天志中》）

在墨子的政治哲學中，既然「以義爲政」的實際內容和具體做法就是「尙同一義」，那麼，「尙同」與「以尙賢使能爲政」的關係便適用於「以義爲政」與「以尙賢使能爲政」的關係。除此之外，以義爲貴並不是每個人都能做到的，這更增加了對「貴義」之賢者的渴望，再次印證了只有「以尙賢使能爲政」才能眞正使「用義爲政於國家」落到實處——既保證義不偏離原意（上天之義、公正平等而非差等之義），又使「貴義」蔚然成風。

四、「尙賢使能」與「兼愛」「非攻」

依據墨子的分析，爲政的目的是使天下由亂而治。在分析天下之亂因何而起時，墨子指出：「當察亂何自起，起不相愛。」（《墨子・兼愛上》）對此，他進一步剖析說：「子自愛，不愛父，故虧父而自利；弟自愛，不愛兄，故虧兄而自利；臣自愛，不自愛君，故虧君而自利。此所謂亂也。雖父之不慈子，兄之不慈弟，君之不慈臣，此亦天下之所謂亂也。父自愛也不愛子，故虧子而自利；兄自愛也不愛弟，故虧弟而自利；君自愛也不愛臣，故虧臣而自利。是何也？皆起不相愛。」（《墨子・兼愛上》）這就是說，由於天下之人皆虧人而自利、自愛而不愛人，父子、兄弟和君臣關係失調，盜賊蜂起，偷竊、搶奪他人財物，於是天下大亂；同樣由於人們只愛自己身室而虧人身室，大夫之相亂家，諸侯之相攻國。正是人皆自利自愛導致個人關係的異化愈演愈烈，最終擴大爲群體關係的惡化。其實，究其根源，這一切都源於人自愛而不兼相愛，自利而不交相利。

基於這種診斷，墨子對症下藥，開出了如此藥方：「若使天下兼相愛，國與國不相攻，家與家不相亂，盜賊無有，君臣父子皆能孝慈，若此，則天下治。」（《墨子・兼愛上》）有鑑於此，他大聲疾呼「兼愛」和「非攻」，並把之奉為政治之要務和天下之治道。對此，墨子聲稱：「今天下之君子，忠實欲天下之富而惡其貧，欲天下之治而惡其亂，當兼相愛、交相利，此聖王之法，天下之治道也，不可不務為也。」（《墨子・兼愛中》）

對於墨子來說，作為治理方案和行政措施，「兼愛」和「非攻」不僅僅是治國理念，更主要的是實際操作。在這方面，如果說相惡相賊和攻伐與殘暴者為伍的話，那麼，「兼愛」、「非攻」則離不開賢良之士的躬身踐行。換言之，墨子提倡的「兼愛」、「非攻」的治國之方再次證明了「以尚賢使能為政」的必要性和迫切性。

五、「尚賢使能」與法先王

墨子具有濃鬱的先王情結，在政治哲學領域貫徹法先王的路線。出於對先王的膜拜，墨子把「上本之於古者聖王之事」寫進眞理觀，並且奉為「三表」法之第一表。墨子對先王的傾慕和法先王之堅決由此可見一斑。依據「三表」法，與古代聖王的事蹟相符是判斷人之一切言論和行為的眞理性標準，國君治理國家當然也概莫能外。

為了表明「尚賢」是法先王的具體體現，為了證明「尚賢」的眞理性，墨子把古代聖明君主描述成「尚賢」的典範。如此一來，「尚賢」自然成了先王的事蹟。於是，他一而再、再而三地強調：

> 古者聖王既審尚賢，欲以為政，故書之竹帛，琢之槃盂，傳以遺後世子孫，於先王之書《呂刑》之書然，王曰：「於！來！有國有土，告女訟刑。在今而安百姓，女何擇言人？何敬不刑？何度不及？」能擇人而敬為刑，堯、舜、禹、湯、文、武之道可及也。是何也？則以尚賢及之，於先王之書、豎年之言然，曰：「晞夫聖武知人，以屏輔而身。」此言先王之治天下也，必選擇賢者，以為其群屬輔佐。（《墨子・尚賢下》）

> 且以尚賢為政之本者，亦豈獨子墨子之言哉？此聖王之道，先王之書，距年之言也。《傳》曰：「求聖君哲人，以裨輔而身。」《湯誓》曰：「聿求元聖，與之戮力同心，以治天下。」則此言聖之不失

以尚賢使能爲政也。(《墨子・尚賢中》)

故昔者三代聖王禹、湯、文、武方爲政乎天下之時，曰：必務舉孝子而勸之事親，尊賢良之人而教之爲善。是故出政施教，賞善罰暴。(《墨子・非命下》)

按照墨子的說法，不僅自己「尚賢」，而且古代聖王也「尚賢」。聖王垂訓滿目都是「尚賢」之言，「尚賢」是聖王的爲政之道。與此同時，他還對這一論點進行了細化和展開，指出禹、湯、文、武等先王爲政之時都舉尊孝順和賢良之人，依此來賞善罰暴，結果可想而知——在這些先王的治理下，天下太平，他們也流芳百世。先王的「尚賢」之舉賦予了「以尚賢使能爲政」以眞理性；於是，作爲法先王的實際行動，「以尚賢使能爲政」贏得了合理性。

至此可見，墨子對「以尚賢使能爲政」與法先王關係的論證從兩個方面展開，彼此相互印證：一方面，法先王從價值觀、眞理觀的高度爲「以尚賢使能爲政」的政治路線和行政措施提供了合理性論證。另一方面，「以尚賢使能爲政」的政治路線和行政措施也讓法先王由空變實，進而從觀念形態和價值取向變成了實際行動。

在墨子的整個思想體系中，「天志」「尚同」「(欲)義」「兼愛」「非攻」和法先王具有內在的一致性。「天志」是本體依託，法先王是價值旨趣，「尚同」「(欲)義」「兼愛」和「非攻」則構成了具體條目和實際內容。屬於政治哲學範疇的「以尚賢使能爲政」加固並突出了這種聯繫。具體地說，在政治哲學領域，「天志」(「法天」)和法先王轉換成治理國家的指導思想和行爲原則——其實，兩者是一致的：「法天」是先王事蹟的一部分，也是法先王的題中應有之義。與「法天」和法先王相比，「尚同」「兼愛」「非攻」則是基於「法天」(「天志」)、法先王的具體操作和行政措施。不可否認的是，無論行爲原則還是具體措施都必須通過「以尚賢使能爲政」的實際操作體現出來。在這個意義上，「以尚賢使能爲政」再度使它們統一起來。

分析至此可以得出兩點認識：第一，就「以尚賢使能爲政」與「天志」和法先王的關係而言，「天志」是最高的本體範疇，法先王是堅守不渝的行爲路線。有鑑於此，當墨子斷言「以尚賢使能爲政」出於「天志」、是法先王之舉時，便賦予了這一命題堅不可摧的權威性、合理性和正當性。在這個意義上，「以尚賢使能爲政」依賴「天志」和法先王的辯護。在這個前提下尚應看到，「以尚賢使能爲政」也反過來證實了天確有其志，並保證了法先王路線的實施——至少爲法先王充實了一項內容。第二，就「以尚賢使能爲政」與「貴義」「尚同」「兼愛」和「非攻」的關係而言，它們都是上天之志，都是人「法天」、上同於天的條目。在這個意義上，無論來源還是地位，前者與後者都是並列的或平等的。然而，「尚同」「貴義」「兼愛」「非攻」要從上天之志轉換成人之行，是「以尚賢使能爲政」爲它們保的險。這使後者具有了前者所無法比擬的意義和價值。

總之，在墨子的思想體系中，「尚賢使能」不僅是天志的必然要求和人法天、法先王的具體表現，而且是「（欲）義」「尚同」「兼愛」的實際需要。正是形上本體和價值意蘊的兼備，使「以尚賢使能爲政」不僅由於沾「天志」、法先王之光而擁有了合理性和正當性，而且由於「兼愛」「非攻」「貴義」的需要而具有了必要性和迫切性。同樣的邏輯，正是「以尚賢使能爲政」使「天志」鮮活、法先王豐厚起來，更是爲人架設了通往「尚同」、「（欲）義」「兼愛」和「非攻」的橋樑。這一切表明，「以尚賢使能爲政」在墨子的政治哲學乃至整個思想體系中具有無與倫比的多重身份和意義。

第四節　「以尚賢使能爲政」與聖賢情結和人治傳統

眾所周知，墨子旗幟鮮明地提出了許多主張，著稱於世的便有十大主張。這便是人們耳熟能詳的墨子十論，又稱墨子十誡或墨學十誡。可以肯定地說，在墨子的諸多主張中，「以尚賢使能爲政」最具平民意識和墨家特色。

誠然，「尚賢」並非墨家所獨有，儒家也有「尚賢」的理想。例如，儒家經典——《禮記》就借孔子之口表達出對遠古「尚賢」的懷念和讚美：「大道之行也，天下爲公。選賢與能，講信修睦。故人不獨親其親，不獨子其子。」（《禮記・禮運》）然而，面對賢與能，孔子只有歎息，因爲那只是對遠古的緬懷，縱然「有志」，最終還是「未之逮」。有鑑於此，對於儒家和傳統文化而言，正如「刑不上大夫，禮不下庶民」一樣，對自然親情和宗法血緣關係的崇尚決定了等級、任人唯親遠比平等、任人唯賢的市場份額大得多。在這種社會背景和文化氛圍之下，「以尚賢使能爲政」流露出的平民意識和平等思想顯得尤爲難能可貴且彌足珍貴。墨家的「尚賢」與儒家的差等原則是針鋒相對的，「以尚賢使能爲政」涉及的人才的浪費與濫用、人才的地位與待遇、人與人關係的平等與公平競爭等，對於今天仍有啓迪和實踐價值。

與此同時，應該看到，墨子呼喚的「以尚賢使能爲政」與儒家的「尚賢」思想一樣帶有中國傳統文化特有的聖王情結和聖賢崇拜，成爲中國古代社會人治統治之濫觴。思慕先賢（先王）、舉賢而治，無論墨家還是儒家都始終把天下的治亂興衰、國家的安危榮辱和個人的貧富寒暖寄託於一人，最終沒有擺脫人治之窠臼。「尚賢」的期待背後隱藏的是一人興天下治，一人亡天下亂的邏輯。在中國古代哲學中政治哲學落實到歷史哲學領域便成爲翻版的英雄史觀，具體表現爲忽視人民大眾、政治制度、倫理道德和社會風氣等對社會歷史的作用。在這方面，儒家如此，墨家以及墨子「以尚賢使能爲政」的政治哲學同樣概莫能外。

第十六章　孟子的王道與仁政

「先王有不忍人之心」出於《孟子・公孫丑上》篇，是孟子政治理念的集中詮釋。同時，這一命題既體現了孟子對人性善的認識，又道出了儒家的人性哲學與政治哲學之間密不可分的關係。儒家歷來有「學而優則仕」的政治抱負和仕途理想，孟子當然也不例外。這注定了政治哲學在孟子思想中的不可或缺，孟子「達則兼善天下」的遠大抱負和「當今之世，舍我其誰」的社會擔當更是凸顯了政治哲學的重要地位。事實上，政治哲學不僅是孟子整個思想體系的核心，而且與本體哲學、人性哲學密切相關，甚至在某種程度上決定著後者的理論走向和具體內容。「先王有不忍人之心，斯有不忍人之政」則濃縮了孟子的這一致思方向和價值旨趣。

第一節　王道的政治理想和價值旨歸

「先王有不忍人之心，斯有不忍人之政」表明，與所有儒家代表人物一樣，孟子魂牽夢縈的政治抱負是治國平天下，道德手段則是通往這一理想願景的不二法門。眾所周知，治國平天下是儒家的一貫理想，在把自己的理想定位在治國平天下，並且期望以禮樂教化臻於這一理想上，孟子與其他儒家學者並無不同。所不同的是，孟子明確把治國平天下的手段區分爲霸道與王道兩種方式，並對二者給予截然不同的評價。他指出：「以力假仁者霸，霸必有大國。以德行仁者王，王不待大。湯以七十里，文王以百里。以力服人者，非心服也，力不贍也；以德服人者，中心悅而誠服也，如七十子之服孔子也。」（《孟子・公孫丑上》）按照孟子的解釋，以力服人與以德服人是兩種完全不同的道路——一個是崇尚暴力、以力服人的霸道，一個是崇尚道義、以理服人的王道。以力服人的霸道可以擴大領土、稱霸一方，卻不能使人心服口服，其受眾只是因爲力不能敵才不得不屈服其統治；以德服人者稱王，以德服人的王道不一定必使國大，卻可以讓人心悅誠服。這表明，霸道與王道是治理天下的兩種道路和方法，更是兩種不同的境界和效果。孟子在此雖然擺出了霸道與王道這兩種方式、兩條道路，但是，他的用意絕不是讓人任選其一，而是旨在強調：以力稱霸者儘管可以強國卻也容易亡國，尚利與尚力一樣爲有道者所不恥；只有以德服人的王道才是人間正道，能夠保證國家的長治久安。由此可見，孟子渴望治國平天下，並沒有爲了這一目的而不擇手段。他的平天下的理想是在王道的支持下實現的，或者說——在孟子看來，平天下的過程就是王道實現的過程。

孟子周遊列國的初衷就是說服各諸侯國推行王道，表明了對王道的夢寐以求、如饑似渴。不僅如此，孟子對王道的渴望和讚美在某種程度上影響了他對理想人格的認定和選擇。在對人的模塑和認定上，如果說孔子的理想人格是「憂道不憂貧」、「謀道不謀食」的君子的話，那麼，孟子的理想人格則是王天下的王者。孟子對自身的期望和對王者的呼喚都反映了這一思想端倪。

更爲明顯的是，孟子把人類社會的歷史遞嬗剪裁成由王者主宰的治亂交替的軌跡，致使人類歷史成爲王者的歷史。對歷史演變法則的這種看法使孟子的歷史哲學儼然成爲對王者的歌頌和呼喚：第一，孟子斷言：「天下之生久矣，一治一亂。」（《孟子・滕文公下》）這個觀點把人類歷史的演變軌跡歸結爲治亂交替的迴圈，也成爲中國古代歷史循環論之濫觴。正是對人類歷史治與亂相互交錯的歷史進程的勾勒，孟子弘揚了王者的作用和意義。第二，根據人類歷史周而復始的遞嬗規律，孟子精確推導出治亂的週期是 500 年。他聲稱：「五百年必有王者興，其間必有名世者。」（《孟子・公孫丑下》）孟子還根據這一歷史運行週期推斷出自己正逢王者興起之世，並以救世的王者自居，喊出了「夫天，未欲平治天下也；如欲平治天下，當今之世，舍我其誰也？」（《孟子・公孫丑下》）的豪言壯語。這既流露出孟子的自負，又有爲天下興亡擔當道義的豪邁。這表明，在孟子的視界中，如果說「窮則獨善其身」而「富貴不能淫，貧賤不能移，威武不能屈」（《孟子・滕文公下》）的君子是大丈夫的話，那麼，「達則兼善天下」的君子則是引領天下之人行仁義而王天下的王者。由於王者是以道德立身和處世的，這決定了王道與仁政的必然聯繫。由此，「不忍人之政」成爲孟子的政治理想和價值訴求也就順理成章了。

第二節　仁政的行政原則和政治路線

孟子對霸道與王道的區分和對王道的希冀秉持了以德服人的政治路線和治國理念，對王者的人格塑造更是將統治者自身的道德垂範奉爲平治天下的根本。這注定了他所向往的王道絕非力政而是仁政，也就是「不忍人之政」。

仁政又稱「不忍人之政」，源於「先王有不忍人之心，斯有不忍人之政」，是孟子特有的政治術語，與孔子所講的德治同義且一脈相承。狹義上講，仁政指發端於「不忍人之心」的統治原則；廣義上講，仁政指以道德而非物質利誘或暴力爲手段、爲目標的統治原則。在國家的治理上，以暴力爲手段的叫暴政，以道德爲手段的叫王道；推行法治的叫法治，推行道德的叫仁政。

由於仁與德、善在儒家及孟子那裡是一致的，因此，孟子所講的王道就是崇尚道德而非暴力手段，追求道德之善而非物質之利的政治理想和行政理念。在這個意義上，仁政與王道異名而同實。一方面，王道就是仁政。王道以仁政爲實際內容和行政原則，是否推行仁政是判斷霸道與王道的標準之一；對於推行王道者而言，「行一不義，殺一不辜而得天下，皆不爲也」(《孟子・公孫丑上》)。一言以蔽之，王道就是用仁政而非力政、暴政來治國平天下。另一方面，仁政就是王道。仁政的目的是使天下歸於王道而平治天下，是否臻於王道也是檢驗仁政的標準之一。當然，王道與仁政也有細微差別，那就是：如果說與霸道相對應的王道側重平天下的過程的話，那麼，與力政相對應的仁政則側重治天下的統治之方；在平天下之後，如果說仁政側重治國之方的話，那麼，王道則側重仁政實施的效果。總之，王道包含著仁政，仁政彰顯了王道。在這個意義上，王道與仁政是統一的。

無論王道還是仁政都包括手段與目的兩個層面，因而迴避不了以何手段和爲何目的的問題。

關於以何手段治國安民即仁政的手段問題，孟子毅然決然地選擇了仁義道德。這與孟子對王道的期盼和對霸道的不恥相印證。《孟子》中的一則故事直觀地流露了孟子的這一政治路線和治國理念：

> 魯欲使樂正子爲政。孟子曰：「吾聞之，喜而不寐。」公孫丑曰：「樂正子強乎？」曰：「否。」「有知慮乎？」曰：「否。」「多聞識乎？」曰：「否。」「然則奚爲喜而不寐？」曰：「其爲人也好善。」「好善足乎？」曰：「好善優於天下，而況魯國乎？夫苟好善，則四海之內，皆將輕千里而來告之以善。夫苟不好善，則人將曰：『訑訑，

予既已知之矣。』訑訑之聲音顏色，距人於千里之外。士止於千里之外，則讒陷面諛之人至矣。與讒陷面諛之人居，國欲治，可得乎？」（《孟子・告子下》）

在孟子看來，對於一個從政者而言，身體素質、智力水準和知識積累等方面的素質都無關大局，甚至可以忽略不計，最要緊的是人品即道德素質——好善。孟子對從政者之德的重視在與孔子的對比中看得更加清楚。《論語》記載：

季康子問：「仲由可使從政也與？」子曰：「由也果，於從政乎何有？」曰：「賜也，可使從政也與？」曰：「賜也達，於從政乎何有？」曰：「求也，可使從政也與？」曰：「求也藝，於從政乎何有？」（《論語・雍也》）

孔子把做事果敢、明白事理和多才多藝等都視爲從政的素質甚至是充分條件，認爲一個人只要擁有其中之一就具備了從政的資格。孟子對從政者的資格認定並沒有把知識、能力考慮在內，而是對好善之德倍加關注。其實，好善之所以被孟子奉爲評價或考察從政者的最高乃至唯一標準，與仁政的最終目標密切相關，即通過爲政者好善的帶動，使庶民對善驅之若鶩。既然仁政信憑的是以德服人，那麼，德便成爲考察、衡量、選擇和評價爲政者最重要的法碼。孟子堅信：「仁人無敵於天下。」（《孟子・盡心下》）對於統治者來說，如果能夠實行仁義的話，那麼，平治天下則易如反掌。

關於爲何平天下即仁政的目的問題，孟子的回答是爲仁義之善，用他本人的話說就是「兼善天下」。這預示著治國平天下是一個以善之手段臻於善之境界的過程。早期儒家有重義輕利的傾向，孟子則把這一傾向推向了極致，以至於對義與利的關係做對立觀。他指出：「雞鳴而起，孳孳爲善者，舜之徒也。雞鳴而起，孳孳爲利者，跖之徒也。欲知舜與跖之分，無他，利與善之間也。」（《孟子・盡心上》）按照孟子的邏輯，人們的行爲或爲善，或爲利，其間勢不兩立、不可調和。這就是說，人正是在排斥對利的追逐中完成仁義的，孜孜求善的仁政、王道以仁義道德爲鵠的，與惟利是圖的行爲不共戴天。這是孟子關於善與利的關係和義利觀的基本觀點，也是他治理國家的基本思路。據《孟子》書載：

孟子見梁惠王。王曰：「叟不遠千里而來，亦將有以利吾國乎？」孟子對曰：「王何必曰利？亦有仁義而已矣。王曰何以利吾國，大夫曰何以利吾家，士庶人曰何以利吾身，上下交征利而國危矣。萬乘之國，弒其君者，必千乘之家。千乘之國，弒其君者，必百乘之家。萬取千焉，千取百焉，不爲不多矣。苟爲後義而先利，不奪不饜。未有仁而遺其親者也，未有義而後其君者也。」(《孟子·梁惠王上》)

在孟子看來，國君爲政的路線是爲仁義而非爲利。君與諸侯、士大夫以及庶民之間「上下交征利」，其國必亡。因此，王者不應該總是想著何以利吾國，而是應該從謀利轉向推行仁義。只有以仁義來治理國家，才能確保父兄之親和君上之長的利益，進而確保百姓有家的天倫之樂，王者有國的長治久安。循著這個邏輯，孟子勸導和告誡爲政者唯仁義是務，以仁義而不是以利爲出發點來處理包括血緣父子和君臣上下在內的一切人際關係。據《孟子》記載：

宋牼將之楚，孟子遇於石丘。曰：「先生將何之？」曰：「吾聞秦楚構兵，我將見楚王，說而罷之。楚王不悅，我將見秦王，說而罷之。二王我將有所遇焉。」曰：「軻也，請無問其詳，願聞其指。說之將何如？」曰：「我將言其不利也。」曰：「先生之志則大矣，先生之號則不可。先生以利說秦楚之王，秦楚之王悅於利，以罷三軍之師，是三軍之士樂罷而悅於利也。爲人臣者懷利以事其君，爲人子者懷利以事其父，爲人弟者懷利以事其兄。是君臣、父子、兄弟終去仁義，懷利以相接，然而不亡者，未之有也。先生以仁義說秦楚之王，秦楚之王悅於仁義，而罷三軍之師，是三軍之士樂罷而悅於仁義也。爲人臣者懷仁義以事其君，爲人子者懷仁義以事其父，爲人弟者懷仁義以事其兄，是君臣、父子、兄弟去利，懷仁義以相接也。然而不王者，未之有也。何必曰利？」(《孟子·告子下》)

此外，孟子的王道、仁政思想與他的法先王主張具有某種內在的一致性。對於爲政必須法先王，孟子一再強調：

遵先王之法而過者，未之有也。(《孟子·離婁上》)

爲政不因先王之道，可謂智乎？(《孟子·離婁上》)

基於這種認識，孟子總愛讓先王在他的政治哲學中現身說法，以至於《孟子·滕文公上》篇評價說，孟子「言必稱堯舜」。孟子對先王推崇有加，從根本上說，是因爲先王在他的眼裏是善的化身，又是以仁義治國的典範。這便是上文所說的「孳孳爲善者，舜之徒也」。如此說來，孟子呼籲法先王，無非是以先王爲榜樣，將仁義奉爲治國之本。這與孟子輕利重義的治國理念和行政路線是一致的。

第三節　仁政與教化

作爲儒家學者，孟子重視教化，甚至認爲道德教化比政治措施對於治理國家更爲有效，也更爲重要。不僅如此，他還對善政與善教之間的優劣得失進行了如下比較：「善政，不如善教之得民也。善政民畏之，善教民愛之；善政得民財，善教得民心。」（《孟子・盡心上》）通過比較，孟子旨在強調，黎民百姓對善政與善教的態度一畏一愛、截然不同，善政充其量只能聚斂民財，善教才能眞正獲得民心。因此，「善政，不如善教之得民也」。沿著這個思路，孟子自然把爲政的希望寄託在善教上。善教指好的、正確的教化，具體指儒家的教化。儒家講的教化通常指禮樂教化，走的是「省刑罰」的德治路線，重視道德手段、社會輿論和主觀自覺的作用，試圖通過禮義和音樂等潛移默化的影響、引導和感化使庶民品行端正，達到社會風俗純美，天下大治的目的。孟子嚮往的善教與此同義。

對於教化的必要性和重要性，孟子指出：「人之有道也，飽食煖衣，逸居而無教，則近於禽獸。聖人有憂之，使契爲司徒，教以人倫：父子有親，君臣有義，夫婦有別，長幼有序，朋友有信。」（《孟子・滕文公上》）這就是說，教化可以使人在遠離禽獸中人性日臻完善，對於人之爲人至關重要，並非可有可無。關於樂，孟子一面肯定音樂對王道教化的作用，並且沒有完全排斥樂；一面告誡國王一定要與民同樂，天下憂則憂，天下樂則樂。不難想像，在禮樂教化的過程中，由於始終依靠感化和引導的作用，從政者的示範便顯得尤其重要，這對在上者自身的行爲和品德提出了更高的要求。從根本上說，禮樂教化最根本的是樹立爲政者自身的道德表率和榜樣作用。正是在這個意義上，孟子宣稱：「君仁莫不仁，君義莫不義。」（《孟子・離婁下》）只有在爲政者好仁義而不是尙利或好暴的教化和感召下，才能「人人親其親，長其長，而天下平」（《孟子・離婁上》）。沿著這個思路，孟子斷言：「天下之本在國，國之本在家，家之本在身。」（《孟子・離婁上》）這既適用於百姓，也適用於——甚至主要針對王公大人。在這個前提下，孟子對尊重賢德之人一而再、再而三的強烈呼籲便顯得順乎自然和易於理解了：

尊賢使能，俊傑在位。(《孟子・公孫丑上》)

賢者在位，能者在職，國家閑暇。及是時，明其政刑，雖大國必畏之矣。(《孟子・公孫丑上》)

國君進賢，如不得已，將使卑逾尊，疏逾戚。(《孟子・梁惠王下》)

依據孟子的設想和邏輯，賢能俊傑都是道德典範，任用他們從政，必然能夠帶動庶民從善如流，進而使禮樂教化落到實處。與此相一致，孟子把聖人包裝成善於以禮樂道德教化百姓的人倫之師：

聖人，人倫之至也。(《孟子・離婁上》)

聖人，百世之師也。(《孟子・盡心下》)

充實之謂美，充實而有光輝之謂大，大而化之之謂聖。(《孟子・盡心下》)

聖人之所以爲聖，是因爲他們能夠對百姓「大而化之」，使天下風氣純正至美。由此說來，以道德彪炳史冊，以道德帶動百姓從善如流，聖人所起的作用和存在的意義是一樣的。這表明，聖人都是一樣的——甚至可以說，只有一種聖人。正是在這個意義上，孟子宣稱：「舜生於諸馮，遷於負夏，卒於鳴條，東夷之人也。文王生於歧周，卒於畢郢，西夷之人也。地之相去也，千有餘里；世之相後也，千有餘歲。得志行乎中國，若合符節。先聖、後聖，其揆一也。」(《孟子・離婁下》)

至此，王者、君子、賢能、俊傑與聖人在仁義立身、道德垂教這個關節點上匯合了。在孟子的視界中，自正其身，以道德垂範的君子就是王者、就是聖賢；同樣，「居天下之廣居，立天下之正位，行天下之大道。得志與民由之，不得志獨行其道」(《孟子・滕文公下》) 的聖賢、君子理所當然地應該成爲王者——至少是王者的最佳人選。

第四節　教化的經濟措施和社會分工

儒家是理想主義者，富於理想卻不空想；儒家是道德理想主義者，所追求的道德與人道密不可分。這決定了政治、仕途在儒家那裡與其說是滿足權利欲望或實現個人政治抱負的手段，不如說是「兼善天下」的途徑。由於儒家的道德追求以人性爲根基，以人性完善爲目標，所以，儒家追求道德而非爲道德而道德。在推行仁義時，孔子對百姓疾苦的同情和衣食的擔憂飽含著濃鬱而深切的人道情懷。孔子的人道情愫在孟子這裡得以延續和弘揚。從人道的視角來審視孟子的思想可以發現，仁政也好，王道也罷，歸根到底都是爲了人。有鑑於此，孟子宣稱：「民爲貴，社稷次之，君爲輕。」（《孟子・盡心下》）既然人民爲貴、社稷政權爲輕，那麼，爲政的重心應該放在爲民眾的考慮上。而要眞正爲百姓人民著想，必須先瞭解他們的疾苦和生存情況。對於民眾的心理狀態和行爲操守，孟子分析說：「無恆產而有恒心者，惟士爲能。若民，則無恆產，因無恒心。苟無恒心，放辟，邪侈，無不爲已。及陷於罪，然後從而刑之，是罔民也。焉有仁人在位，罔民而可爲也？」（《孟子・梁惠王上》）

循著這個邏輯，既然老百姓無恒心就會圖謀不軌，既然民無恆產就無恒心，那麼，仁者從政必然將制民之產業，使民堅守恒心爲第一步，而不是等到民眾因無恆產、無恒心而陷罪之後，再加以嚴懲；在民因無恆產、無恒心而犯罪之後再加以處罰，那等於落井下石，不是仁者所爲。於是，孟子得出了這樣的結論：「夫仁政，必自經界始。」（《孟子・滕文公上》）

「經界」即孟子宣導的井田制。由於孟子強調仁政一定要從實行井田、劃分民產開始，井田制作爲仁政的第一步便具有了非同一般的意義。因此，孟子對井田制十分重視，親自做了規定和設想：「九一而助，國中什一使自賦。卿以下必有圭田，圭田五十畝。餘夫二十五畝。死徙無出鄉，鄉田同井。出入相友，守望相助，疾病相扶持，則百姓親睦。方里而井，井九百畝，其中爲公田。八家皆私百畝，同養公田。公事畢，然後敢治私事，所以別野人也。此其大略也。」（《孟子・滕文公上》）本著人道精神，孟子把實行井田制即解決百姓的衣食問題作爲仁政的開始。井田制是仁政最基本的經濟基礎和經濟措施，卻不僅僅限於經濟方面。儘管孟子聲稱上述規劃還只是雛形（「大略」），其中折射出的儒家慣有的社會理想和生存方式卻依晰可見。

就經濟方面而言，除了井田制，仁政還包括其他的經濟措施。在這方面，孟子不止一次地暢想：

> 不違農時，穀不可勝食也。數罟不入洿池，魚鱉不可勝食也。斧斤以時入山林，材木不可勝用也。穀與魚鱉不可勝食，材木不可勝用，是使民養生喪死無憾也。養生喪死無憾，王道之始也。五畝之宅，樹之以桑，五十者可以衣帛矣。雞豚狗彘之畜，無失其時，

> 七十者可以食肉矣。百畝之田，勿奪其時，數口之家可以無饑矣。（《孟子·梁惠王上》）
>
> 王如施仁政於民，省刑罰，薄稅斂，深耕易耨。（《孟子·梁惠王上》）

前一段話涉及農林牧副漁各個行業和領域，在《梁惠王上》篇就出現兩次，並且在《盡心上》等篇中出現，孟子對它的重視程度由此可見一斑。後一段話除了「省刑罰」的行政措施之外，主要是輕徵薄斂和精耕細作等具體的經濟措施。儘管兩段議論各有側重，然而，都側重從物質和經濟上保障百姓的生活，以滿足百姓的生存需要。由此看來，與孔子的先富、再庶、後教的思路一樣，孟子在仁政構思中加入了經濟措施以解除庶民的衣食之憂。

必須指出的是，由於孟子對義利關係的對立理解，經濟措施所滿足的人之物質和生理需求並非仁政的最終目的，解除人們的後顧之憂是爲了使人更容易聽從王者的道義召喚。因此，孟子在講仁政的經濟措施和百姓的衣食問題時，總是無一例外地讓道德教化緊隨其後。下僅舉其一斑：

> 是故明君制民之產，必使仰足以事父母，俯足以畜妻子，樂歲終身飽，凶年免於死亡。然後驅而之善，故民之從之也輕。（《孟子·梁惠王上》）
>
> 謹庠序之教，申之以孝悌之義，頒白者不負戴於道路矣。老者衣帛食肉，黎民不饑不寒，然而不王者，未之有也。（《孟子·梁惠王上》）
>
> 王如施仁政於民，省刑罰，薄稅斂，深耕易耨。壯者以暇日修其孝悌忠信，入以事其父兄，出以事其長上，可使制梃以撻秦楚之堅甲利兵矣。（《孟子·梁惠王上》）

這清楚地表明，儘管孟子從人道情懷出發，呼籲保障萬民的生存權利和生活需要，然而，衣食問題或物質方面的條件只是第一步，是仁政的基礎甚至是推行仁政的手段。這是因爲，他之所以要保證百姓衣食無憂，歸根結底是爲了便於王者推行仁義的禮樂教化和百姓自身道德修養的提高。孟子的這套做法與孔子呼籲對百姓先富之再教之的思路別無二致，是儒家道德理想主義的流露，也是儒家有別於墨、法諸家功利主義價值取向的表現。

除了井田制和其他必要的經濟措施之外，仁政還有一項重要內容，那就是：井井有條的經濟、政治和社會秩序即社會分工。通過對許行之徒——陳相的層層追問，孟子闡明了自己的分工理論，論證了社會分工的必要性和迫切性。據載：

> 孟子曰：「許子必種粟而後食乎？」曰：「然。」「許子必織布而後衣乎？」曰：「否。許子衣褐。」「許子冠乎？」曰：「冠。」曰：「奚冠？」曰：「冠素。」曰：「自織之與？」曰：「否。以粟易之。」曰：「許子奚爲不自織？」曰：「害於耕。」曰：「許子以釜甑爨，以鐵耕乎？」曰：「然。」「自爲之與？」曰：「否。以粟易之。」「以粟易械器者，不爲厲陶冶，陶冶亦以其械器易粟者，豈爲厲農夫哉？且許子何不爲陶冶，捨皆取諸其宮中而用之？何爲紛紛然與百工交易？何許子之不憚煩？」曰：「百工之事，固不可耕且爲也。」「然則治天下獨可耕且爲與？有大人之事，有小人之事。且一人之身，而百工之所爲備。如必自爲而後用之，是率天下而路也。故曰：或勞心，或勞力；勞心者治人，勞力者治於人；治於人者食人，治人者食於人，天下之通義也。」（《孟子．滕文公上》）

從中可知，孟子贊成以腦力勞動與體力勞動爲兩大陣營的社會分工，不僅爲或勞心、或勞力的社會分工正名，而且論證了剝削的合理性。勞心爲大人之事、勞力爲小人之事的稱謂本身即是一種價值表達，「勞心者治人，勞力者治於人；治於人者食人，治人者食於人」更是爲尊卑貴賤的社會等級辯護。《孟子》中的另一則故事印證了孟子的這一價值取向：

> 公孫丑曰：「《詩》曰：『不素餐兮』，君子之不耕而食，何也？」孟子曰：「君子居是國也，其君用之，則安富尊榮；其子弟從之，則孝悌忠信。『不素餐兮』，孰大於是？」（《孟子．盡心上》）

孟子嚮往的社會分工是基於或勞心、或勞力的兩大壁壘展開的，並且明確規定了勞心與勞力之間是治於與治、食與食於的統治關係和剝削關係。因此，他的社會分工理念不僅限於經濟秩序，而且蘊涵著政治秩序和社會秩序。在勞心與勞力的社會分工中，人與人以及不同行業者之間不僅僅是物質或經濟交換關係，而且是基於一定的經濟基礎、社會地位的社會關係，並由此構成了整個社會的等級秩序。孟子旨在通過社會分工給不同的人在社會中找到一個位置，定以不同的名分，從而保證各行各業有條不紊地運行。這正是儒家追求和嚮往的親親、尊尊的社會秩序。這種社會秩序基於井田制代表的經濟基礎，始於以血緣爲紐帶的親親的人倫秩序，終於勞心勞力的社會分工。這是孟子對於仁政的基本構想，也是儒家的一貫思路。

第五節　王道、仁政與天命、人性

「先王有不忍人之心，斯有不忍人之政」是孟子政治哲學的基本邏輯，也使王道、仁政成了孟子政治哲學的主要內容。作爲人生追求和社會理想，孟子終身都在爲王道、仁政的實現而不懈努力著。作爲價值旨趣和理論初衷，王道、仁政不僅限於孟子的政治哲學，而且浸透在他的本體哲學、人性哲學等方方面面。確切地說，政治哲學從本體哲學、人性哲學中引申出來，故而與後者一脈相承。而將三者聯繫起來的，則是「先王有不忍人之心，斯有不忍人之政」。可以看到，「先王有不忍人之心，斯有不忍人之政」架起了聯結孟子政治哲學與本體哲學、人性哲學的橋樑，並且作爲政治哲學的主要內容爲孟子的本體哲學、人性哲學注入了特殊意蘊和獨特魅力。

就本體哲學與政治哲學的關係而言，孟子的政治哲學直接決定了本體哲學的具體內容和理論走向。具體地說，孟子本體哲學的主要內容是天命論。天命論宣揚人的命運是外在的異己力量——上天注定的，屬於客觀唯心論。作爲天命論者，孟子斷言：「皆天也，非人之所能爲也。莫之爲而爲者，天也；莫之致而至者，命也。」（《孟子・萬章上》）這個說法表明，孟子恪守天命論，孟子的天命論屬於客觀唯心論，在這一點上與孔子的天命論無異。儘管如此，孟子堅信「先王有不忍人之心，斯有不忍人之政」，在從「不忍人之心」推出「不忍人之政」的過程中，由於對王道、仁政的津津樂道、不能釋懷，有意無意地以心爲切入點，從人爲的因素入手來解釋上天對人之命運的決定。例如，他引用伊尹的話說：「天之生斯民也，使先知覺後知，使先覺覺後覺。予，天民之先覺者也；予將以此道覺此民也。」（《孟子・萬章下》）如此說來，上天在生人之時就已經把人分爲先知先覺與後知後覺等不同的等級，並且賦予先知先覺以教化萬民的責任和使命，從而使仁政包含的社會分工和社會秩序在天命中得以伸張。在回答弟子提出的天下政權更替的問題時，孟子不僅通過「天視自我民視，天聽自我民聽」在天命中加入了人命的成分，而且注重統治者的人品和德行。這使孟子天命論的理論走勢急劇變奏，由客觀唯心論轉而向主觀唯心論傾斜。據《孟子・萬章上》記載：

萬章曰：「堯以天下與舜，有諸？」孟子曰：「否。天子不能以天下與人。」「然則舜有天下也，孰與之？」曰：「天與之。」「天與之者，諄諄然命之乎？」曰：「否。天不言，以行與事示之而已矣。」曰：「以行與事示之者如之何？」曰：「天子能薦人於天，不能使天與之天下。……昔者堯薦舜於天而天受之，暴之於民而民受之，故曰，天不言，以行與事示之而已矣。」曰：「敢問薦之於天而天受之，暴之於民而民受之，如何？」曰：「使之主祭而百神享之，是天受之；使之主事而事治，百姓安之，是民受之也。天與之，人與之，故曰：天子不能以天下與人。舜相堯二十有八載，非人之所能爲也，天也。堯崩，三年之喪畢，舜避堯之子於南河之南。天下諸侯朝覲者，不之堯之子而之舜；訟獄者，不之堯之子而之舜；謳歌者，不謳歌堯之子而謳歌舜。故曰，天也。夫然後之中國，踐天子位焉。而居堯之宮，逼堯之子，是簒也，非天與也。《太誓》曰：『天視自我民視，天聽自我民聽』，此之謂也。」

一問一答的對話使一個事實逐層浮出水面——上天對人之命運的決定是天與人之間相互作用的結果，究其極是一個傾聽百姓心聲的過程：一方面，天不言不語，只拿事與行來昭示天下。孟子宣稱上天在昭示天子的過程中以萬民的耳目爲耳目，其實是在天命中融入了人命（百姓之命）的因素，於是便有了「天時不如地利，地利不如人和」（《孟子・公孫丑下》）的名句。另一方面，作爲上天和萬民共同期待和考察的對象，準天子的人格、德行是一個重要參數，甚至是最基本的參數。正如天下之人朝覲、訴訟和謳歌皆「不之堯之子而之舜」決定上天把天下與舜一樣，最終爲舜贏得萬民愛戴的是舜本人的德行即推行王道、仁政而愛民保民。有鑑於此，孟子呼籲「保民而王」。

孟子所講的「保民而王」具體包括兩層含義：第一，是東征而西怨、西征而東怨的萬民愛戴使王者永遠立於不敗之地。只有保民，王才能保持自己王的地位；否則，王即成了孤家寡人，也就不成其爲王了。第二，更爲重要的是，王的作用和價値是保民，只有使民得到庇護和保祐，王才踐履了自己的使命，實現了自己的價値。這是孟子的爲政原則，也是他所認可的王者對待天命的態度和做法。據載：

齊人伐燕，勝之。宣王問曰：「或謂寡人勿取，或謂寡人取之。以萬乘之國伐萬乘之國，五旬而舉之，人力不至於此。不取，必有

> 天殃。取之，何如？」孟子對曰：「取之而燕民悅，則取之。……取之而燕民不悅，則勿取。」(《孟子．梁惠王下》)

這則記載表明，在孟子的價值系統中，只有不計較國土的大小而只爲萬民考慮，才可能成爲王者。有了仁政這杆稱，由於價值天平始終指向百姓一方，天殃完全可以置之不理，百姓的憂樂才是王者進行取捨定奪的唯一標準。這則故事反映了孟子設想的王者對待天命的應有態度，也印證了孟子所講的上天主要對天子負責，側重國家命運。

可以作爲例證的有，孟子曾宣稱：「惟仁者爲能以大事小，是故湯事葛，文王事昆夷。惟智者爲能以小事大，故太王事獯鬻，句踐事吳。以大事小者，樂天者也；以小事大者，畏天者也。樂天者保天下，畏天者保其國。」(《孟子．梁惠王下》) 在這裡，無論樂天還是畏天，主體都只能是天子、國君而非一般的民眾。孟子所講的樂天、畏天都不是從普通人對天的態度或天與人的一般關係立論的。因此，只有天子、國君，才有樂天畏天的可能性或樂天與畏天之別。

可見，王道、仁政理想決定了孟子談論天命的獨特視角，乃至影響了天命的具體內容，致使孟子的天命論極富個性魅力。同樣恪守天命論，如果說孔子之天側重決定人之死生、富貴等個體命運的話，那麼，孟子之天則著重主宰天下興衰等群體命運——在這方面，孟子即使講個人命運也大多與政治或仕途際遇相對接。與此相關，由於王道、仁政乃至民心向背的參與，孟子的天命論由孔子以冥冥之天爲主宰的客觀唯心論轉向了天命即人命的主觀唯心論。

就政治哲學與人性哲學的關係而言，「先王有不忍人之心，斯有不忍人之政」使孟子的政治哲學與人性哲學密不可分，甚至成爲一而二、二而一的關係。如果說人性之善爲王道、仁政的實施和貫徹提供了可能性論證的話，那麼，王道、仁政的實現則爲人性之善的踐履和葆有提供了廣闊空間。先王之不忍人之政使人性之善從人性哲學的假說層面提升到政治哲學以仁政爲平臺的現實層面，從而擁有了實踐操作的平臺。

在這裡，有一點是可以肯定的，那就是：如果說孟子在本體哲學與政治哲學之間搭建聯繫是在有意無意之間進行的話，那麼，孟子對於以仁政爲主的政治哲學與人性哲學之間的密切關係則有清醒的認識。他指出：「人皆有不忍人之心。先王有不忍人之心，斯有不忍人之政矣。以不忍人之心，行不忍

人之政，治天下可運之掌上。」（《孟子・公孫丑上》）

一方面，孟子著重揭示了人性與政治之間的內在聯繫，把人性說成是爲政的基礎和前提，進而用人生而善的本性論證「不忍人之政」的可能性和可行性：第一，先王的善性決定了仁政的制定和出臺。既然善是人與生俱來的本性，先王也不例外。正因爲先王心懷惻隱，不忍心用殘酷的法律桎梏百姓，於是才推出了「不忍人之政」。第二，從仁政的貫徹和執行來看，百姓的善性保證了仁政的貫徹和落實。百姓性善——因爲人皆有「不忍人之心」，「不忍人之心」並非先王所特有，百姓與先王一樣悅仁義、聽從仁政的引導。可以設想，如果人性如韓非所說的那樣自私自利、唯利是圖的話，那麼，以禮樂教化、道德引導等說教手段爲主的仁政便顯得空洞虛僞、蒼白無力，而不如法律的強制來得有力、直接。爲了說明道德說教與法律強制孰優孰劣，韓非講述了這樣一個例子：

> 今有不才之子，父母怒之弗爲改，鄉人譙之弗爲動，師長教之弗爲變。夫以父母之愛、鄉人之行、師長之智，三美加焉，而終不動，其脛毛不改。州部之吏，操官兵，推公法，而求索奸人，然後恐懼，變其節，易其行矣。故父母之愛不足以教子，必待州部之嚴刑者，民固驕於愛、聽於威矣。（《韓非子・五蠹》）

在這個例子中，韓非通過父母、鄉鄰和師長的教誨與酷吏、官兵和法律的威懾之間的鮮明對比，揭示了道德說教的軟弱與法制手段的有效，表白了自己推行法治的治國理念和政治主張。同時，這個例子也從反面證明了性善說對仁政的理論支持和奠基作用。

另一方面，孟子以王道、仁政爲理想境界和主要內容的政治哲學使其「道性善」的人性學說由空想變成了現實。換言之，孟子的王道、仁政主張既由性善而來，奠基於人性哲學之上，又反過來爲「道性善」的人性哲學提供了廣闊而切實的用武之地。在孟子對王道、仁政的暢想中，在上者的善良本性得以酣暢淋漓地釋放和運用，王天下的王者以「不忍人之心」平天下或解決與鄰國、與下民的關係，治天下的國君以「不忍人之心」處理一切事物；庶民百姓的性善本能得以充分挖掘和施展，在對內事父兄、畜妻子的人倫日用和對外事君敬長的身體力行中臻於人性的完善。於是，國家刑罰省，上下的善良本性皆得以完善。這樣一來，每個人與生俱來的、作爲良知良能潛在的善之「端」都盡情發揮。

「先王有不忍人之心，斯有不忍人之政」表明，孟子的政治哲學不僅與本體哲學和人性哲學密切相關，而且轉變了本體哲學的理論走向和哲學黨性，具體表現就是使天命直接與現實的政治生活對接；奠基於人性哲學之上的政治哲學反過來爲「道性善」的人性哲學提供了論證，這種論證比起性善說對仁政具有假說性質的前提預設更具說服力。於是，可以設想，離開了由「先王有不忍人之心」而生發出來的「不忍人之政」，孟子的本體哲學、人性哲學將喪失鮮活的現實性和有效的說服力，甚至可能要改寫。基於此，在某種程度上可以說，以王道、仁政爲主的政治哲學是孟子思想體系的核心，以天命論爲基礎的本體哲學和由性善說支撐的人性哲學是圍繞著政治哲學展開，並且爲政治哲學服務的。

與此同時，「先王有不忍人之心，斯有不忍人之政」使孟子的政治哲學極富儒家神韻，不僅盡顯儒學本色，而且讓人可以從中領略儒家一以貫之的學術風采：第一，將爲政者自身的表率作用進行到底。崇尚禮樂教化、道德感召的儒家走的一直是上層路線，這凸顯了上者行爲的重要性，無形之中置上者於萬眾矚目的地位。孔子給政下的定義是「政者，正也」，理由很簡單——既然爲政者是萬眾之師，那麼，「子帥以正，孰敢不正？」（《論語・顏淵》）孟子重視統治者的榜樣作用，並且用王者、聖人、賢能和俊傑等組成了一個大系統，以期在各個環節都以正面形象的示範來教化、模塑萬民。第二，編織「哲學王」的夢想。在古希臘哲學家柏拉圖描述的理想國中，有智慧的哲學王統一天下。其實，儒家也有強烈的「哲學王」情結。唯一不同的是，由於中西文化的差異，柏拉圖與儒家對哲學王的具體理解迥異其趣：在膜拜知識的西方文化中，哲學王是智慧之王；在崇尚倫理道德的中國傳統文化中，哲學王主要指道德完善的聖人即王天下的聖賢。受哲學王情結的驅使，孔子傾慕的聖人從堯舜到周公等都是一統天下的「政要」。有天下、是國君，這是「哲學王」的政治身份；此外，他們還有一個學術或品行身份，那就是：道德完善的聖人。孟子的哲學王情結與孔子相比不惟毫不遜色，甚至有增無減。他所講的以德服人而王天下的王者就是哲學王，即以道德立身且立國者。孟子堅信，在理想的國度裏，天下理應歸於行「不忍人之政」的仁者。更有甚者，不以道德爲本即不能得天下。所以，他宣稱：「三代之得天下也以仁，其失天下也以不仁。」（《孟子・離婁上》）與此同時，孟子還以「兼善天下」的王者自居且自勵，終身爲王天下的事業而嘔心瀝血、呼籲奔波。可以看到，孟子壯志未酬的哲學王事業並沒有停息。在孟子的身後，荀子一再強調：

> 故天子唯其人。天下者，至重也，非至強莫之能任；至大也，非至辨莫之能分；至眾也，非至明莫之能和。此三至者，非聖人莫之能盡，故非聖人莫之能王。聖人者，備道全美者也，是縣天下之權稱也。(《荀子・正論》)。

> 國者，小人可以有之，然而未必不亡也；天下者，至大也，非聖人莫之能有也。(《荀子・正論》)

在荀子看來，天子不僅意味著權利，更意味著責任。只有「備道全美」的哲學王才能肩負天下的責任而不辱使命、不辜負天下人的重託。因此，天下必然是王者的，哲學王得天下便可以長久，小人即使僥倖得天下也不會長久。在荀子淋漓盡致的發揮中，哲學王統治天下不再是孔子對古代世界的美好回憶而是當今世界的現實情境，哲學王統治天下的狀態也隨之由孟子暢想的理想態變成了常態。正是在這種時空的雙維轉換中，荀子強化了儒家的哲學王情結，同時彰顯了哲學王一統天下的正當性和必然性。

上述內容顯示，「先王有不忍人之心，斯有不忍人之政」凝聚了孟子的政治理念和遠大抱負，也成爲聯結他的政治哲學與本體哲學、人性哲學的橋樑。其實，稍加思考不難發現，正如儒家的政治理想與個人抱負密不可分一樣，孟子借助「先王有不忍人之心，斯有不忍人之政」抒發的治國平天下的政治理念引領了後世儒家的致思方向和理論走勢，由天命而人性而政治的三位一體被宋明理學家演繹爲天理爲世界本原—人性的善惡雙重—德法並施的治國方略的層層推進。

第十七章　韓非的法治思想及其啓示

作爲先秦法家的集大成者，韓非在中國古代思想史上佔據重要的一席。他的法治思想對中國古代的法學、哲學都產生了深刻影響，即使在今天仍給人以良多的借鑒和啓迪。

第一節　對法治的呼籲和論證

中國以禮儀之邦著稱於世，喜談道德、忌諱刑罰。君主推行仁政會贏得仁德的美譽，推行法治則換來殘暴的惡名。在這種社會背景和文化氛圍下，韓非卻冒天下之大不韙宣導奉法治國，阻力和困難是可想而知的。爲此，韓非面臨的首要任務便是闡明奉法治國的合理性、必要性和優越性，營造良好的心理準備，爲法治思想的實施掃除心理上和思想中的障礙。法治是治理國家的正確抉擇乃至唯一出路，這是韓非所有法治思想的理論出發點。對於這個思想前提，韓非進行了較爲詳盡的邏輯論證和理論說明。

一、道的無爲與奉法賞罰的「體道」無爲蘊涵著法治的正當性和合理性

韓非認爲，奉法而治符合道的無爲原則，是「體道」的具體表現。韓非是道本論者，認爲道是宇宙萬物的本原。對此，他宣稱：「道者，萬物之所以成也。」（《韓非子・解老》）不僅如此，他進一步解釋說，道是一種「無狀之狀，無物之象」（《韓非子・解老》）的存在，之所以成爲宇宙萬殊的總根源，是由於道虛靜無爲、能放任自然而無所不爲。進而言之，人要圖謀遠慮、功成名就，必須效法道的虛靜無爲。這便是「體道」。「體道」是人的立身之本，

也是人的行動原則。對於君主而言，尤其如此。

韓非指出，就君主治理國家而言，「體道」的最好途徑就是無爲而治，具體辦法是：擺脫喜惡之心，眞正做到無喜無惡、任其自然。之所以如此，是因爲對於一般人而言，「喜之，則多事；惡之，則生怨。故去喜去惡，虛心以爲道舍。」（《韓非子・揚權》）在此，韓非告誡君主，攜帶喜惡之心對待百姓只能引來麻煩而事與願違，達不到治國的目的；治理國家應該清靜淡泊，不存喜惡飾僞之心。《韓非子》中記載了這樣一則故事：

> 季孫好士，終身莊，居處衣服常如朝廷。而季孫適懈，有過失，而不能長爲也。故客以爲厭易己，相與怨之，遂殺季孫。故君子去泰去甚。（《韓非子・外儲說左下》）

韓非通過這個故事說明，國君治理國家只有無爲而治才是最好的辦法，矯揉造作、刻意裝飾往往會適得其反。那麼，君主怎樣才能擺脫喜惡之心，眞正做到無喜無惡、任其自然呢？答案是推行法治、奉法賞罰。按照他的說法，如果國君眞能奉法賞罰的話，那麼，法該賞即賞、則賞非出於所喜，法該罰即罰、則罰非出於所惡。這樣一來，不僅免去了臣民之怨，並且可以事半功倍。

二、人的自私自利與「緣理」而爲共同推導出法治的必要性和迫切性

韓非從人性哲學的角度論證說，君主治理國家無事無爲、任其自然，其實就是因循人性之本然，奉法而治是「緣理」的表現。按著他的邏輯，萬物都稟道而來，是對道「斟酌用之」的結果。萬物稟道所獲得的內在規定性（德）反映在外部屬性上便是理。「體道」的行爲原則要求人在對待萬物時應「緣理」而爲，因循萬物的本性。沿著這個思路，國君統治天下、治理百姓，必須因循人性的本來面目和眞實情況。他強調：「凡治天下，必因人情。」（《韓非子・八經》）這就是說，因循人性之本然是「緣理」的必然要求和具體體現。那麼，人性的本來面目又如何呢？韓非一再指出：

> 好利惡害，夫人之所有也。……喜利畏罪，人莫不然。（《韓非子・難二》）

> 夫安利者就之，危害者去之，此人之情也。……人焉能去安利之道而就危害之處哉？（《韓非子・姦劫弑臣》）

在韓非看來，人不僅好逸惡勞、天生懶惰，而且自私自利、勾心鬥角。在此基礎上，韓非指出，對於本性如此的人來說，如果不用法加以懲治，必然發生混亂；如果奉行法治，一切問題都將迎刃而解——不僅法治的嚴刑威懾可以杜絕混亂、避免犯罪，而且法律的賞罰迎合了「安利者就之，危害者去之」（《韓非子・姦劫弒臣》）的人性之眞實情狀。具體地說，在法治的過程中，用賞迎合人趨利的本性，用罰針對人背害的本性。這樣一來，在賞罰權柄的指揮下，「利之所在，民歸之；名之所彰，士死之。」（《韓非子・外儲說左上》）在重賞之下，臣民便會爭先恐後，竭力孝忠君主。同時，由於害怕懲罰，人們自然會規規矩矩、行不逾軌。至此，君主便可以衣垂而天下治。由此看來，法治不啻爲針砭人性自私自利的靈丹妙藥。正是在對人性的釐定中，韓非突出了法治的必要性和迫切性。奉法而治便是「體道」、「緣理」在政治領域的具體貫徹。

三、法的功效性伸張了法治的合理性、優越性和便利性

在價值哲學領域，韓非強調法術的功效性，進而爲法治張目。與其他法家人物一樣，韓非呼籲用法術治理國家，並不隱諱自己的功利主義動機。法家之所以弘揚法術，並非好法而法，而是迫於對功利的追逐。韓非也是如此。

韓非指出，實行法治，暫時痛苦卻可以長久得利；實行仁道，苟樂而後患無窮。正是在對利弊輕重的功利權衡中，聖人才狠心地採用法術而放棄了相憐的仁道。可見，聖人採用法治並非出於殘忍，而是出於大利的考慮。進而言之，聖人奉法而治是因爲法術具有工具價值，依靠法術治理國家能夠收益事半功倍之效。因此，韓非反覆重申：

> 法者，事最適者也。（《韓非子・問辯》）
>
> 法所以制事，事所以名功也。法有立而有難，權其難而事成，則立之；事成而有害，權其害而功多，則爲之。（《韓非子・八說》）

在韓非看來，法具有功用價值和工具性，便於處理各種事物，這是法術得到聖王青睞的根本原因。進而言之，爲了讓法更好地發揮自身的工具價值，聖人當初在立法之時就對功利進行了權衡和取捨。由於功利是立法的基本原則，保證了推行法治可以收穫功利之效果。對此，韓非的這段話是最好的說明：「霸王者，人主之大利也。人主挾大利以聽治，故其任官者當能，其賞罰無私。使士民明焉，盡力致死，則功伐可立而爵祿可致，爵祿致而富貴之業

成矣。富貴者，人臣之大利也。人臣挾大利以從事，故其行危至死，其力盡而不望。此謂君不仁，臣不忠，則可以霸王矣。」（《韓非子・六反》）這就是說，推行法治，君主可受其利。法治使得國富民強、拓疆闢土，幫助君主鞏固自身的統治。法治還可以在國家強盛之時，使域內百姓承蒙恩澤，獲取功利。推行法治而獲取功利，這是韓非立法的原則，也是他人性皆自私自利的邏輯後果。同時，按照韓非等法家人物的處世原則，臣民效力君主並不是因爲這位君主是仁君，而是由於其重用自己、給自己以功名利祿等諸多實惠；如果別的君主給自己更多的優惠、更好的待遇，完全可以另擇明主而不必從一而終。君臣之間沒有什麼道義、承諾可言，只是一個利字在起作用。同樣，君主調使臣民，沒有絲毫愛憐、寬惠之心，只是利用自己手中的法碼進行利益的引誘。在國君的眼中，臣民就是一個棋子、一個工具，憑著法術隨時可以決定其生死去留。君臣之間不存在惠或禮，權衡的唯一尺度是國君的利益——一己之私。

四、時代的變化與道德的軟弱共同印證了法治的合理性和唯一性

在利用道德手段治理國民這個問題上，針對遠古時代聖賢以德治國而國富民強的傳說，韓非反駁說，古今的社會狀況存在著巨大的差異。古代資源多、人口少，男人不耕種、女人不編織，草木之實、禽獸之皮足可以吃飽穿暖。人民的生活不用費力就有充足的養備，人民所以不爭奪。如今的社會人口越來越多，致使財貨匱乏，紛爭日益激烈。時代變了，社會環境和物質情況也隨之發生變化，治理國家的措施也要相應地進行改變。換言之，今人所面對的是前人所不曾遇到甚至不曾想過的新局面和新情況，如果再用先人的老一套方法對待今天的新情況，顯然會力不從心、措手不及。有鑑於此，識時務者應該拋棄先王的老框框，針對現今的新情況、新問題制定出適宜的新方法和新對策。這便是：「古今異俗，新故異備。」「世異而事異，……事異則備變。」（《韓非子・五蠹》）《韓非子》中的許多故事都闡明了這個道理，並且諷刺了固守陳規的迂腐可笑。下僅舉其一斑：「宋人有耕田者，田中有株，兔走觸株，折頸而死，因釋其耒而守株，冀復得兔，兔不可復得，而身爲宋國笑。」（《韓非子・五蠹》）

基於這種認識，具有現實主義精神的韓非不再恪守陳規、照搬舊法，而是強調時代和社會歷史的變遷性，呼籲因時制宜、不斷變法，隨著時代和社會歷史的改變及時更換統治策略。韓非的這套主張便是法家遵循的法後王，這是一條有別於儒、墨法先王路線的統治理念和行爲原則。

在此，需要說明的是，韓非的法後王路線不僅是他的社會變化論的必然結論，而且是他的治國方針的理論支撐。借助社會變化論和法後王，韓非想要說的是，道德的手段或許可以在古代社會行得通，卻不可用於人多物少的如今；對於當今社會而言，法術優於道德，只有法術才是治理國家、統治百姓的最好手段。不僅如此，爲了讓人完全放棄用仁義道德治理國家的念頭，韓非指出，人的本性先天具有好逸惡勞、荒淫叛亂的傾向，以身試法是人的本性。對於這樣的人而言，道德之仁義只能起到縱容嬌慣的作用，道德手段對於使人棄惡從善是無能爲力的，絲毫不能改變其劣性。對此，他寫道：

> 今有不才之子，父母怒之弗爲改，鄉人譙之弗爲動，師長教之弗爲變。夫以父母之愛、鄉人之行、師長之智，三美加焉，而終不動，其脛毛不改。州部之吏，操官兵，推公法，而求索奸人，然後恐懼，變其節，易其行矣。故父母之愛不足以教子，必待州部之嚴刑者，民固驕於愛、聽於威矣。(《韓非子・五蠹》)

正如對人的本性的鑒別堅定了法治的信念一樣，在此，根據對人「驕於愛、聽於威」的判斷，韓非否定了道德手段治國的可能性。在此基礎上，他進一步揭露了儒家道德學說的漏洞百出、自相矛盾，尤其是通過忠孝不能兩全的例子論證了儒家道德勢必在推行中損害國家或個人的利益，進而得出以仁義道德治理國家則遺患無窮的結論。至此，法治的優越性演變爲唯一性。

總之，爲了說服國君推行法治，韓非進行了多方論證，涉及到本體哲學、人性哲學、價值哲學、歷史哲學和道德哲學等各個領域。正是在各個方面的層層推進、相互印證中，韓非堅定了奉法而治的信心，並爲法治路線的實施奠定了理論前提。

第二節　以法、術、勢爲核心的法治路線和立法原則

確立了奉法而治的法治理念之後，以何爲法的立法原則和法治理論建構便提到了議事日程。在這方面，韓非的法學思想以法、術、勢爲核心而展開，並在法、術、勢三位一體的建構和實施中伸張了自己的法治路線和立法原則。

一、法、術、勢的三位一體

眾所周知，法家學派源遠流長。作爲先秦法家的總結者和集大成者，韓

非的法學建構離不開春秋、戰國時期的法家先驅，是對眾多思想吸收和借鑒的結果。同時，法、術、勢也並非韓非的獨創。歷史上，商鞅重「法」，兩次在秦國變法，出臺了一系列法規，並著重塑造法的嚴峻和冷酷。申不害重「術」，並爲國君謀劃了一套深藏不露、克制群臣之術。慎到重「勢」，強調法必須與勢結合才能更好地發揮作用；在此基礎上，主張君主「握法處勢」，把君主的權勢看作行法的力量，即所謂的「賢智未足以服眾，而勢位足以缶賢者」。正是在繼承這些思想的基礎上，韓非創建了以法、術、勢爲核心的思想體系，進一步強化和固定了法、術、勢的地位。在借鑒前人思想資料、而含英咀華的過程中，韓非進行了自己的理論創新：第一，兼顧法、術、勢，強調對於國君而言，法、術、勢一個都不能少。第二，指出法、術、勢相互作用，三位一體。第三，指出法、術、勢具有不同的特點和作用。

對於法的重要性，韓非指出，國家沒有永遠強大的，也沒有永遠弱小的，國家的強大與弱小關鍵取決於奉法的態度：堅決奉行法治者必強，無力奉行法治者必弱。於是，他斷言：「國無常強，無常弱。奉法者強，則國強；奉法者弱，則國弱。」（《韓非子・有度》）這就是說，只有推行法治，才能把國家治理好。

對於術，韓非指出，在物與物之間弱肉強食的競爭中，獲勝者必有利器。老虎能制服犬狗，是因爲老虎有鋒利的爪牙。假如老虎把爪牙送給狗，反而會被狗所制服。對於人而言，人性自私趨利、相互爭鬥，這使利器變得更爲重要。君主要制服群臣、威臨天下，尤其要執握利器。具體地說，君主的利器便是術。有鑑於此，韓非爲國君設計了一套課能、禁奸之術。

韓非進一步論證說，法、術雖然是必要的，但是，僅有二者是不夠的。除此之外，明君治國還要依靠他的「勢」。勢甚至對於動物的生存都至關重要，對於君主更是必不可少。對此，韓非舉例子說，飛龍可以乘雲，騰蛇可以遊霧。如果雲霧退掉，飛龍和騰蛇便會因爲失其所乘而無法翱翔。同樣的道理，堯儘管賢德，若爲匹夫，則不能治三人；桀儘管昏庸，由於處在國君的位置上，所以能使天下大亂。這些都是勢位而不是賢智在起作用。

總之，法即國家頒布的法律，術是君主隱藏不宣的權術，勢即君主高高在上的威勢。韓非強調，君主之法、術、勢三位一體，相互作用，只有相互配合才能發揮巨大的威力。因此，對於一個國家的國君來說，法、術、勢不可或缺，一個都不能少。

在強調法、術、勢相互作用、三位一體的同時，韓非注意到了三者之間的不同特點，尤其對法與術進行了嚴格的區分：「法者，編著之圖籍，設之於官府，而布之於百姓者也。術者，藏之於胸中，以偶眾端而潛御群臣者也。故法莫如顯，而術不欲見也。」（《韓非子・難三》）這表明，法與術雖然都是君主理國的憑證，但是，兩者具有本質區別：第一，從適用的主體來看，法爲臣民之所師，術是人主之所執。第二，從作用機制來看，法的作用在於「法者，憲令著於官府，刑罰必於民心，賞存乎慎法，而罰加乎奸令者也。」（《韓非子・定法》）在韓非看來，民無法必亂，法是用來禁止臣民作奸犯科的。術的作用則在於「操生殺之柄，課群臣之能」。術之作用既爲了使群臣相互鉗制，也爲了使群臣無法窺探國君的好惡而投其所好。第三，從具體特點來看，法詳盡公開，術深藏不露。法與術不同的作用機制決定了兩者具有不同的特點。具體地說，爲了達到禁止犯上作亂的目的，法律條文必須公開、清楚和詳盡。早在當年鄭國子產「鑄刑書」時，即把成文的刑法鑄在鼎上公布出來，告示天下。韓非顯然是繼承了法家的這一傳統，認爲法的特點是明白和公開。在這個意義上，韓非斷言：「聖人之治也，審於法禁，法禁明著，則官治。」（《韓非子・六反》）與法的明白公開相聯繫，法必須要詳盡。對此，韓非聲稱：「書約而弟子辯，法省而民訟簡。是以聖人之書必著論，明主之法必詳盡事。」（《韓非子・八說》）這就是說，法是人行爲的依據，辦事、論功的憑證。人時時處處都在活動，要想有憑有據，法律條文必須兼顧到細枝末節，做到詳細和完備。與法的公開、明白有別，術的特點是君主深藏胸中，不形於色。因此，術越隱蔽不露越能極大地發揮作用。

二、禁心、禁言、禁事的法治境界

韓非相信，如果君主以法術勢相互配合、奉法而治，就可以達到天下太平、國富民強的理想境界。在他看來，法治有三個不同的層次或境界，即禁心、禁言和禁事：「是故禁奸之法，太上禁其心，其次禁其言，其次禁其事。」（《韓非子・說疑》）從中可知，按照韓非的說法，法治達到極致不僅可以約束人的行動、言論，而且可以規範人的思想。或者說，雖然禁心、禁言和禁行代表著法治由高至低的三個不同境界，但是，法治的行動規矩、思想純正的理想境界是規範思想（禁心）。換言之，在理想社會中，不僅人的行動或言論井然有序、規規矩矩，而且思想端正、沒有邪念。當然，在韓非那裡，這種精神境界不是靠道德感召、禮樂教化得來的，而是法治——人們迫於法律的威嚴而不敢造次的結果，是法、術、勢巨大威力的體現。

進而言之，爲了充分施展法、術、勢的威力，達到法治不僅禁行而且禁心的理想目標，韓非重視普及法律，建議政府派遣專人主管通報工作，由郎中每天在郎門外傳達法律，致使境內之民每天都知道新出臺的法律法規。不難看出，這一點與前面所說的法的公開即「法莫若顯」是一脈相承的，也可以說是法之公開的必然要求或使法公開的必要手段。同時，爲了讓法律觀念根於人心，成爲人們思想意識中根深蒂固的行爲信念，韓非呼籲：「故明主之國，無書簡之文，以法爲教；無先王之語，以吏爲師。」（《韓非子・五蠹》）可見，爲了推崇法術的至高無上性，韓非公開排斥百家之學，防止其他思想觀念妨礙人們對法家思想的接納和認同。在此，他企圖通過法律的普及達到人們不僅要知法懂法、而且要執法服法的目的。韓非強調，在達此目的的過程中，必須忘掉先王的諄諄教導，以官吏爲師。只有這樣，才能確保人們所聽到的、學到的都是法律條文，看到的都是依法辦事。也只有通過這樣的教育，人們才會有法可依、行不逾矩。由上可見，如果說認識到教育在治理國家、規矩百姓行爲中的重要性是儒家和法家的相同之處的話，那麼，由於各自的具體動機不同，兩家的教育內容也大相徑庭。強調禮樂教化的儒家以聖賢爲師，孔子即以「文、行、忠、信」四教示人。除了文指古代文化典籍之外，行、忠和信都可以歸結爲道德教育。這表明，儒家以道德教育爲主。與此不同，韓非把知法懂法視爲教育的唯一內容和動機，使普及法律成爲教育的唯一內容和目的。

其實，從韓非力陳的推行法治的理由和法術勢的建構不難看出，法家推行的法治與儒家的德治主張是兩種不同的治國理念和政治思路。具體地說，道德給人提供的是最高理想和審美目標。儒家推行德治仁政、禮樂教化，其理論前提是人性的不忍惻隱、相親相愛。「仁者愛人」、「仁民愛物」的處世之方作爲一種道德說教旨在給人提供最高的追求目標和審美理想。去做了，便成爲聖人、君子，超凡入聖——這個聖人、君子往往離普通人又那麼遙遠；不去做，也無損於做一個平平凡凡的人。無可無不可，去不去做關鍵取決於每個人不同的覺悟境界和價值取向。法律則從禁止的角度規定了做人的最低點，那就是不要做什麼，然後才有生存和發展的權力。對於這種禁止，任何人都不例外，都不能違背。至於在這個最低的起點上，還想做些什麼更高覺悟的事，那由你自己決定。這從不應該的角度規定了人能夠做什麼，雖然是最低限度的，但是卻只能這樣做。否則，就要受到制裁。法律的這一特點和原則在韓非那裡具有充分體現：不僅法治的境界是以禁的形式表現出來的，而且在法治的推行中既有勸導之賞又有禁止之罰。

韓非認爲，法律不僅可以杜絕君主以自己的好惡強加於國，而且可以使群臣爲官廉潔、防止腐敗。韓非的這段話發人深思：「夫立法令者，以廢私也。法令行而私道廢矣。私者，所以亂法也。」（《韓非子・詭使》）果眞如此嗎？他講了這樣一個故事：

> 公儀休相魯而嗜魚，一國盡爭買魚而獻之，公儀子不受。其弟諫曰：「夫子嗜魚而不受者，何也？」對曰：「夫唯嗜魚，故不受也。夫即受魚，必有下人之色；有下人之色，將枉於法；枉於法，則免於相。雖嗜魚，此不必致我魚，我又不能自給魚。既無受魚而不免於相，雖嗜魚，我能長自給魚。」（《韓非子・外儲說右下》）

美味佳餚，非不欲得，尤其是自己之至愛。儘管如此，公儀休面對投其所好的送禮者，考慮到枉法、守法之利弊，還是爲守職而不受魚。這不禁令人聯想到，對於那些公飽私囊的人而言，如果有了令人生畏的法律，他們還會如此肆無忌憚嗎？

與此同時，法律法規作用的發揮是靠人來完成的。有了法律條文是第一步，接下來的問題是如何使之深入人心，成爲裁決是非、支配行動的有力武器。在這個轉換的過程中，一個不可忽視的重要環節就是法律的宣傳、教育和普及，即最大限度或盡可能地讓每位公民都知法、懂法。解放後，我國曾進行了深入廣泛的掃盲工作，但與發達國家相比，我國的文盲和半文盲人數的比例還相當高，這無疑給法律的宣傳、普及工作增加了強度和難度。更令人擔憂的是，我國的法盲比文盲還要多，大多數的中國人還不習慣於辦公證、請律師、簽合同或訂協議，有些人甚至一直沉浸在禮樂教化、一諾千金的神話中。這種現實狀況要求有關部門和執法人員必須加大普法的廣度和力度，使法律走進每位公民的心裏。只有這樣，才能使法律形成一股無形的強大力量，發揮其應有的作用。在這方面，韓非及法家的奔走呼號是值得借鑒的。

第三節　法制機制和具體操作

確定了立法原則和法治方案，如何使之落到實處、發揮應有的作用，法制機制和具體操作便變得重要起來。在法治路線的推行和具體操作上，韓非強調以下幾點：

一、法之固定統一、不可更改

在法律的制定和執行上，韓非始終突出法律的固定統一、不可更改。爲了維護法律的尊嚴，也爲了堅定人奉法而治的決心，韓非強調，無論何人都必須做到依法辦事，有法必依，不得藉口任何理由變動或篡改法律。《韓非子》中的一則故事形象而生動地體現了這個原則：

> 吳起示其妻以組曰：「子爲我織組，令之如是。」組已就而傚之，其組異善。起曰：「使子爲組，令之如是，而今也異善，何也？」其妻曰：「用財若一也，加務善之。」吳起曰：「非語也。」使之衣歸。其父往請之，吳起曰：「起家無虛言。」（《韓非子・外儲說右上》）

組織好了，美麗漂亮，吳妻工作完成得這麼出色卻遭到譴責，並因爲這麼點小事就被休回了娘家。結局出乎意料，吳起的做法看起來似乎太不近人情了。然而，從另一個角度來看，執法首先必須維護法律的尊嚴，惟法必從是對執法者最起碼的要求。在這個意義上，無論出於什麼原因和理由，加入自己的好惡和修飾便是對法律的一種輕漫和褻瀆。循著這個邏輯，吳妻被出，亦屬必然。

在貫徹法律的固定統一、不可更改時，韓非毅然決然、堅定不移。他規勸國君以法術治國制臣，也有使君主隆法尊法、不以個人好惡改法或枉法之意。

在進行法治思想建構上，韓非對法律統一和固定的強調在某種程度上與儒家恰成互補之勢。儒家的中庸原則落實到從政上便是突出靈活性，具體表現是沒有統一的規定，一切都根據具體情況加以權衡。例如，「葉都大而國小，民有背心」，所以，「葉公子高問政於仲尼，仲尼曰：『政在悅近而來遠』。」「魯哀公有大臣三人，外障距諸侯四鄰之士，內比周而以愚君，使宗廟不掃除，社稷不血食」，所以，「哀公問政於仲尼，仲尼曰：『政在選賢』。」「齊景公築雍門，爲路寢，一朝而以三百乘之家賜者三」，所以，「齊景公問政於仲尼，仲尼曰：『政在節財』。」（《韓非子・難三》）通過這個例子可以看出，儒家在突出靈活性時往往忽視原則性。一切都根據具體情況而定，導致治國方法帶有極大的隨意性和不確定性，難免出現無法可依、無章可循的現象，讓人不知所措、無所適從。其實，儒家在治國安民方法上體現出來的這種隨意性和無原則的靈活性與其德治、仁政思路是密切相關的。具體地說，儒家希冀的是整個社會自上而下的道德自覺，既不受制於物質利益的驅使，也不迫於外力的壓逼。只要應該就去做，不應該、不符合禮義的便不去做。所以，孔子聲稱：「君子之於天下也，無適也，無莫也，義之與比。」（《論語・里仁》）這與《論語》中所講的「子絕四：毋意、毋必、毋固、毋我」（《論語・子罕》）是一個意思。不懸空猜測、不絕對肯定、不拘泥固執、不唯我獨尊，作爲方法論和大的思想原則，無疑具有辯證的、可以肯定的一面。在治理國家和行政工作中，如果用這種脫離原則的靈活性無備而來，一切都無成法可依，全憑隨機應變，則難免唐突和隨意，讓人無法遵循。與儒家的主張和做法相比，韓非對法之固定和統一的強調更爲現實和行之有效。

應該說，法律的固定、統一是執法的生命線。只有維護法律的尊嚴才能加大執法的力度和強度，充分發揮法律的社會功用。一日三令、朝令夕改，法律的迭迭變更、頻頻修改不僅造成人們思想上的混亂，而且挫傷了法律的威嚴，極不利於社會的穩固和人心的安定。

二、法之公正不倚、人人平等

韓非指出，推行法治，必須一視同仁，不論親疏、貴賤、尊卑都以法進行賞罰或舉棄。在國君奉法而治的過程中，量才錄用、論功行賞是唯一的原則，決不考慮每個人之間的親疏、遠近或尊卑之別。於是，韓非一再重申：

> 法不阿貴，繩不撓曲。……刑過不避大臣，賞善不遺匹夫。（《韓非子・有度》）
>
> 明主賞不加於無功，罰不加於無罪。（《韓非子・難一》）
>
> 是故誠有功，則雖疏賤必賞；誠有過，則雖近愛必誅。疏賤必賞，近愛必誅，則疏賤者不怠，而近愛者不驕也。（《韓非子・主道》）
>
> 故行之而法者，雖巷伯信乎卿相；行之而非法者，雖大吏詘乎民萌。（《韓非子・難一》）

在此，韓非強調沒功者不賞，有罪者必罰。這實際上是宣揚了法律面前人人平等，任何人都不可游離於法律之外。爲了貫徹法律面前、人人平等，韓非尤其強調法律的一視同仁、否認法律面前具有特權群體存在。即使是大夫世卿甚至是王公太子在法律面前也沒有特權，他們如果觸犯法律一樣會受到應有的制裁和懲罰。這方面的例子在《韓非子》中屢見不鮮。今略舉其一斑：

> 荊莊王有茅門之法曰：「群臣大夫諸公子入朝，馬蹄踐霤者，廷理斬其輈，戮其御。」於是太子入朝，馬蹄踐霤，廷理斬其輈，戮其御。太子怒，入爲王泣曰：「爲我誅戮廷理。」王曰：「法者，所以敬宗廟，尊社稷。故能立法從立尊敬社稷者，社稷之臣也，焉可誅也？……」於是太子乃還走，避舍露宿三日，北面再拜請死罪。（《韓非子・外儲說右上》）

早在春秋時期，法家代表管仲就提出：「君臣上下貴賤皆從法，此之謂大治。」韓非對法律面前、人人平等的強調顯然是繼承了管仲的這個觀點。除此之外，強調法律面前人人平等、否定法律面前的特殊階級與維護法律的固定、統一具有內在一致性。具體地說，只有在排除法律面前的特權群體的前提下、堅持不因特殊人群而篡改法律，才能眞正確保法律的統一和固定；同樣，堅持法律的固定、統一，也就是杜絕法律因人因時而異，從而禁止了特殊人群的存在。

韓非的議論和思想給了今人以這樣的啓示：王子犯法與庶民同罪，是執法者應有的姿態和氣度。在法律面前，沒有特殊的公民和特殊的機構。政府的各級組織、部門和領導都應遵章運作、依法辦事，決不允許利用本部門的優越條件或自己手中的權力隨意賞罰乃至以權謀私。只有這樣，才能維護法律的尊嚴；也只有這樣，才能使法律充分發揮其應有的作用。

三、事功相符、賞罰分明

韓非法治思想的核心是法、術、勢的三位一體，在具體操作上就是利用刑德兩種權柄實施賞罰。對此，韓非斷言：「明主之所導制其臣者，二柄而已矣。二柄者，刑德也。何謂刑德？曰：殺戮之謂刑，慶賞之謂德。」（《韓非子・二柄》）在他看來，有了刑與德，在殘酷的暴力鎭壓和君主威力的壓制下，人們不敢妄爲；有了德與賞，在利與名的誘導下，人們效死力爲君主賣命。這樣一來，統治者便可高枕無憂了。

進而言之，在依法賞罰的過程中，韓非貫徹名實相符的宗旨和原則，根據事功進行賞罰。在他看來，法術的首要步驟是伸明法律概念、確定法律標準，「形名參同」才能賞罰得當。爲此，他提出了「審名以定位，名分以辨類」的思想，要求審察名的涵義，辨明事物的類別。在這個過程中，名實必須絕對同一，不得有半點差異。對此，韓非解釋說：「刑名者，言與事也。爲人臣者陳而言，君以其言授之事，專以其事責其功。功當其事，事當其言，則賞；功不當其事，事不當其言，則罰。故群臣其言大而功小者則罰，非罰小功也，罰功不當名也；群臣其言小而功大者亦罰，非不說於大功也，以爲不當名也害甚於有大功，故罰。」（《韓非子・二柄》）在這裡，名與實的關係轉化或具體化爲言與事的關係，但名實相符的原則卻絲毫沒有改變：君依據臣所陳之言授予其事（工作、職務和名分），臣所做的工作一定要符合自己的名分——職位，功、事、言當則賞，功、事、言不當則罰。在功、事、言不當中，言大功小者罰，言小功大者亦罰。

在具體的工作中，名實相符的賞罰原則要求：失職、瀆職者罰，僭越、越職者亦罰。《韓非子》中的許多寓言說明了這個原則。其一曰：

> 昔者韓昭侯醉而寢，典冠者見君之寒也，故加衣於君之上，覺寢而說，問左右曰：「誰加衣者？」左右對曰：「典冠。」君因兼罪典衣與典冠。其罪典衣，以爲失其事也；其罪典冠，以爲越其職也。非不惡寒也，以爲侵官之害甚於寒。（《韓非子・二柄》）

在韓非的眼裏，韓昭侯是執法嚴明的賢君。由於法家恪守所做的事一定要與所受的職相符，所以，同時處罰了典衣和典冠兩個人——前者受罰是因爲失職，後者受罰則是因爲越職。按著韓非的設想，言大而功小者罰，言小而功大者亦罰。在他看來，由於職位、事功與賞罰相符，便可使百官各司其職，既不瀆職、也不越職。正是在這個意義上，韓非曾說：「夫善賞罰者，百官不敢侵職，群臣不敢失禮。」（《韓非子・難一》）他所講的賞罰，基本做法就是不同職責的人幹好自己的本職工作，瀆職者罰，越職者也罰。

進而言之，不僭越、不是自己應該幹的工作或者說超過自己名分的事不要參與，這是儒家與法家的共識。所不同的是，儒家強調不越職，對不瀆職卻捲舌不議。出於杜絕犯上作亂的動機，儒家強調人之思與行都必須限定在應有的名分內。沒有職權、不擔任社會組織工作的平民不應該考慮治國的大問題。所以，短短的《論語》中，「不在其位，不謀其政」（《論語・憲問》）就出現了兩次——另一次出現在《論語・泰伯》篇。對此，曾參解釋說：「君子思不出其位。」（《論語・憲問》）害怕老百姓參政議政，是孔子正名思想的一部分，同時也反映了統治階級對下層民眾的抵防、敵視心理，與其「民可使由之，不可使知之」的觀點是一脈相承的。與此不同，在依法賞罰過程中，韓非強調有功者必賞，有罪者必罰，從而使人既不懈怠也不妄為。從這個意義上說，法家不再像儒家那樣挫傷人的政治熱情和參與意識了。

中篇：深度對話

第十八章　孔子與墨子天命論比較

瞭解中國傳統文化的人都知道，在其活水源頭處——先秦，中國哲學是以天人關係的獨特方式表達出來的。孔子與墨子作爲先秦兩大「顯學」的創始人和主要代表，在釐定天人關係時，都推崇天的權威。一方面，孔子、墨子都把天與人的命運直接聯繫起來，不僅使儒家與墨家在天命觀、命運觀賞呈現出極大的相似性，而且與道家、法家漸行漸遠。另一方面，兩人對天命的理解和界定各不相同，直觀呈現出儒家與墨家的區別。比較孔子與墨子天命論的異同，無論對於理解先秦學術的思維方式還是儒家與墨家迥異懸殊的歷史命運都具有重要意義。

第一節　孔子與墨子天命論之同

在先秦時期的百家爭鳴中，孔子和墨子共同站到了天本論的陣營之中。由於都關注宇宙本原與人的命運之間的關係，孔子和墨子都屬於天命論者，並且使祭天成爲兩人思想的又一共性。

一、人命天定

作爲天本論者，孔子、墨子都推崇天的權威。兩人在斷言天是世界萬物本原的同時，將天視爲人之命運的主宰。

首先，孔子篤信天命論，斷言人的壽夭、富貧、貴賤、賢否和吉凶等都是上天的安排，一切都是命中注定的。

孔子認爲，天注定人的生死和壽夭，人的壽命長短、健康良否以及所有際遇都是上天決定的。循著這個邏輯，生病也是命運的安排。據《論語・雍也》記載，有一次，學生伯牛染了重病，孔子前去探望，從窗戶外握著伯牛的手說：「亡之，命矣夫！斯人也而有斯疾也！斯人也而有斯疾也。」在孔子的意識深處，一切都是命中注定的。看到自己的學生病情嚴重，孔子馬上確定這是命運的安排，然後不禁脫口而出：「斯人也而有斯疾也！斯人也而有斯疾也！」

孔子認為，天決定人的家庭組成和社會地位。按著他的邏輯，人的死生壽夭等自然屬性由天而定，人的家庭成員構成以及貧富貴賤等社會屬性也逃遁不了上天的安排。據《論語》記載，司馬牛憂愁地說：「別人都有兄弟，單單我沒有。」對此，子夏勸慰說：「商聞之矣：『死生有命，富貴在天。』」（《論語・顏淵》）子夏的回答是說，生死是命運的安排，貧富貴賤由天注定，一切都是命該如此。至於有無兄弟或弟兄幾個，當然也歸於天命了。值得注意的是，子夏聲稱這並不是自己的觀點，而是聽說（「聞之」）的。對此，人們不禁要問：子夏聽誰說的呢？作為孔子的高足，子夏之所聞十有八九來源於孔子。

孔子斷言，天注定人的德才賢良。按照孔子的看法，人的才華和品德都是天生的，上天在生人之時就把人分成了「生而知之」、「學而知之」、「困而學之」和「困而不學」四個等級，賦予他們不同的才華和品德。孔子雖然非常謙虛地聲稱自己不是「生而知之」者、只是「敏以好學」而已，但是，孔子對上天給予自己的偏愛很自負，總好以上天委任的承命者自居。《史記・孔子世家》中有這樣一段記載：「孔子去曹，適宋，與弟子習禮大樹下。宋司馬桓魋欲殺孔子，拔其樹。孔子去，弟子曰：『可以速矣。』孔子曰：『天生德於予，桓魋其如予何！』」孔子的意思是，自己的才德是天上注定的，任何人（包括桓魋在內）都不能把自己怎麼樣，對於他人的挑釁和非難當然也用不著害怕和恐慌。又有一次，孔子離開衛國準備去陳國時，經過匡。匡人曾經受魯人陽貨的掠奪和殘殺，對陽貨恨之入骨。孔子與陽貨相貌酷似，匡人誤以為孔子是陽貨而囚禁了孔子。對此，孔子說：「文王既沒，文不在茲乎？天之將喪斯文也，後死者不得與於斯文也；天之未喪斯文也，匡人其如予何？」（《論語・子罕》）在孔子看來，是主宰人類命運的上天把人類的一切文化遺產都託付給了自己。從保護人類的文化遺產計，上天也會保祐自己平安無事的。因此，匡人根本無法奈何自己。

孔子宣稱，天注定人的際遇成敗。這就是說，一個人際遇如何，主張能否實現都是上天的安排，並非人力所及。正如《論語・憲問》所載：

公伯僚訴子路於季孫。子服景伯以告，曰：「夫子固有惑志於公伯僚，吾力猶能肆諸市朝。」

子曰：「道之將行也與，命也；道之將廢也與，命也。公伯僚其如命何！」

在孔子看來，人的政治際遇和成敗得失都由上天操縱，他人的挑唆和詆毀無法改變上天對一個人的既成的安排。

總之，孔子斷言：「巍巍乎！唯天爲大。」（《論語・泰伯》）只有上天才是宇宙間最神聖的存在和人類社會的最高主宰，始終把持著包括禍福吉凶在內的人的所有際遇和命運。

其次，與孔子類似，墨子也崇尚天的權威，宣稱上天具有種種美德。墨子斷言：「天之行廣而無私，其施厚而不德，其明久而不衰。」（《墨子・法儀》）這些特點使天成爲宇宙間最高貴、最智慧的存在，天是宇宙間的最高權威。世界上的萬事萬物都是上天創造的，上天可以主宰一切。對於天這個高高在上的統治者，墨子有時也稱之爲上帝。

墨子堅信自然界的一切都是上天創造的，天地萬物及其運動變化都是上天的安排：上天「磨爲日月星辰，以昭道之」；安排了季節變化，「制爲四時春秋冬夏，以紀綱之」；播降雨雪霜露，以長五穀；「隕降雪霜雨露，以長五穀麻絲，使民得而財利之」；創造了山川溪谷，來「播賦百事，以臨司民之善否」；「賦金木鳥獸，以事乎五穀麻絲，以爲民衣食之財。自古及今，未嘗不有此也」（《墨子・天志中》）。在墨子看來，自然界的一切事物都是上天創造的，萬事萬物之所以能夠有條不紊地變化、運行，也都出自天意的安排。進而言之，上天之所以創造自然和安排自然秩序，完全是爲了讓人民百姓享利。

墨子篤信人類社會的存在和設立也是上天的安排，人與人之間的長幼尊卑出於天意。他不止一次地斷言：

古者上帝鬼神之建國設都、立正長。（《墨子・尚同中》）

我之所以知天之爲政於天子者也。（《墨子・天志上》）

在墨子看來，人類社會的建國立都和設置正長都是上天的安排。因此，他把城池叫做「天邑」，把人民叫做「天臣」，把君主叫做「天子」。不僅如此，墨子還斷言「天子」意即天之子，是上天在人間的代理人，「天子」的職責就是替天行道、代天理物。這成爲中國古代君權神授說的集中體現。

二、對天之祭

在尊天這個相同的大前提下，孔子、墨子都渴望尋求上天的庇護和保祐，企圖通過祈禱和祭祀與上天溝通。這成爲兩人思想的另一個相同之點。

孔子敬畏天命，卻不消極待命。事實上，孔子主張人通過「祭」、「禱」等手段與上天和祖先溝通，以求挽回和彌補天命。

孔子對祭非常重視，態度也特別虔誠。《論語》有言：「祭如在，祭神如神在。子曰：『吾不與祭，如不祭。』」（《論語・八佾》）這就是說，孔子每次都親自參加祭祀儀式，從不請別人代祭。孔子在祭祀祖先和鬼神時，猶如祖先和鬼神就在面前一樣，虔誠無欺、畢恭畢敬。不僅如此，孔子還強調祭祀要依禮而行，指出「非其鬼而祭之，諂也」（《論語・爲政》）。孔子的這句話是說，不是自己應該祭祀的鬼神卻去祭祀的，這是獻媚。爲了祭祀做得禮儀圓滿、一絲不苟，孔子不惜錢財物品竭力而爲。有一次，子貢想把魯國每月初一告祭祖廟的活羊去而不用，孔子語重心長地說：「賜呀！你可惜的是羊，我珍惜的是禮。」（《論語・八佾》）

與祭不同，禱指直接向上天祈禱，以得福壽和吉安。孔子並不否認禱能祛凶求吉。王孫賈問孔子：「與其媚於奧，寧媚於灶，何謂也？」孔子答道：「不然。獲罪於天，無所禱也。」（《論語・八佾》）奧指屋內西南角的神，灶指灶君司命。孔子的回答是說，上天是人命運的最高和最後主宰。祈禱是人與天溝通的一種方式，目的是乞求上天的庇護。如果人得罪了上天，舍本求末的祈禱還有什麼用呢？另據《論語》記載：「子疾病，子路請禱。子曰：『有諸？』子路對曰：『有之。《誄》曰：「禱爾於上下神祇。」』子曰：『丘之禱久矣。』」（《論語・述而》）這則故事更加清楚地表明了孔子試圖通過祈禱來保全福壽安康的初衷。

墨子與孔子一樣強調對天之祭，所不同的是，在墨子這裡，祭祀不僅是人與天、人與神以及人與鬼溝通的方式，而且是人事奉天、效法天和上同於天的一種舉動。因此，祭祀並非可有可無，而是必須舉行的。按照墨子的說法，人在舉行祭祀時，不僅要虔誠無欺、畢恭畢敬，「齋戒沐浴，潔爲酒醴粢盛」，而且要合乎禮節、不失時機。例如，「酒醴粢盛不敢不蠲潔，犧牲不敢不腯肥，珪璧幣帛不敢不中度量，春秋祭祀不敢失時機」（《墨子・尚同中》）等等。

眾所周知，先秦哲學是以天人關係爲主線展開的。一方面，在諸子百家之中，只有儒家和墨家把哲學的最高範疇定位於天。正是天本論和對天之祭顯示了孔子與墨子思想的相同性，同時也在諸子百家中拉近了儒家與墨家之間的距離。另一方面，通過上述比較可以看出，雖然孔子與墨子對上天都充滿了尊崇和敬意，都把上天視為人之命運的本體依託和最終主宰，但是，兩人的思想在這個大前提下卻呈現出明顯的差異：第一，在對天之所為的具體描述上，孔子側重上天決定人的命運的人生哲學，墨子的天本論著意天生成宇宙萬物的本體哲學。第二，在待天之方上，如果說孔子以「畏天命」為前提的「祭」和「禱」是人單方面的對天的傾訴的話，那麼，墨子的祭天、法天則是天人之間相互的交流。在前者的視界中，人的主觀能動性凝固了；在後者的思維中，人的主動性卻在悄然崛起……

第二節　上天不同的命定方式

孔子、墨子都推崇天的權威，認為人的命運與上天息息相關。儘管如此，對於上天如何影響人的命運，兩人的看法並不一致。

一、先天與後天

孔子認為，人的命運是上天事先安排好的，在人受生之初，還沒有被拋到世上之前，命就已經注定了。這就是說，命是先天的，與生俱來。確切地說，人在沒有出生之前，就已經有命了——何時生、何時死以及如何生、如何死也屬於命的範疇。

墨子儘管在弘揚上天之權威上與孔子投到了同一麾下，然而，他否定先天而抽象的命，反對孔子的上天在冥冥之中主宰人之吉凶禍福的看法，並用「三表」法證明命是不存在的。墨子指出，古代聖王事鬼神厚、聽獄訴勤，卻從不講命之有。亙古亙今，從未有人親眼見過命為何物。可見，命為子虛烏有。墨子斷言：「自古以及今，生民以來者，亦嘗見命之物，聞命之聲者乎？則未嘗有也。」（《墨子・非命中》）基於這種認識，墨子主張「非命」。值得注意的是，被墨子所非之命不是指來自上帝——天的命令，而是特指孔子宣揚的冥冥之中的神秘主宰。因此，「非命」論集中體現了墨子對天命不同於孔子的理解。按照通常的理解，「非命」與「天志」是矛盾的：「天志」講的是天有意志，能夠主宰人的命運，這實際上已經承認了命運既定。既然如此，爲什麼又講「非命」、否認命運的存在呢？在墨子看來，天能決定人命運的吉凶，這種決定並非隨意而行。這使天沒有了專橫跋扈，而多了幾分公平和公正。因爲天對人命運的決定及賞罰都不再是先天的，而是後天的，是視人後天的行爲造作而定的，歸根結底取決於人的作爲。這樣一來，每個人的命運便成了他個人無數次選擇和造作的結果。後天性決定和預示了人之命運不可能完全隨機或無跡可尋，而應具有一定的標準和依據。事實正是如此，墨子認爲上天注定人之命運的這個依據就是人之行爲的善惡和良否。

孔子斷言人的命運與後天的行爲無關，這挫傷了人的積極作爲以及參與命運的信心和熱情。面對這個既不可望又不可及的命，人充滿敬畏。於是，「畏天命」成爲君子的「三畏」之首。墨子認爲，這種觀點助長了人對待命運的沮喪、惰怠情緒，長此以往，必然會導致國家的混亂和貧困。墨子對之深惡痛絕，故而非之。

墨子主張「非命」，旨在向人們昭示：自己是命運的主宰，惡有惡報，善有善報。只要堅持不懈，一切都會美夢成眞。這無疑增強了人的自信，點燃了人參與命運的熱望。墨子的這種觀點在人類尚未征服自然的時代顯得尤爲難能可貴。不過，話又說回來了，如果眞的把命運理解得如此精確，認爲人的耕耘與收穫之間不差毫分，便顯得幼稚和膚淺了。如果把孔子對命的如履薄冰與墨子的樂觀坦眞結合起來，或許會別有洞天。

二、一次與數次

孔子認爲，上天在人受生之初即爲人定好了命，命一次成型、不可更改。對於這個命，人不僅不能參與，而且不能預知。既然命運之吉凶與人後天行爲的臧否沒有直接關係——儘管德行好壞是命中注定，然而，反過來，行爲的好壞不能影響或改變命，那麼，也就沒有必要視後天行爲的好壞而對命運有所改變或重寫了。這種觀點的顯著特徵是凸顯上天的絕對權威。既然天對人命的注定是一次成型、永無更改的，那麼，上天便是決定人命運的唯一因素和力量。對於自己的命運，人只能束手無策。命吉者一勞永逸，完全出於僥倖；命凶者無可奈何，完全出於無辜。如此說來，天對人之命運的注定是何等霸道和不公——人在此絲毫沒有發言權。

墨子認爲，人之行爲與命運直接相關。只要人活著，總會時時發出行動，作出或善或惡、或良或否的舉動來。這決定了與行爲有關、受後天行爲影響和左右的命不可能是一次完成的，而必須隨著人的行爲的發出和鬼神對人的行動的考察、監督而時時充塡著。具體地說，上天通過鬼神時時在俯瞰著人的行動，對之作出反應：人爲天之所欲，天便賞之；人爲天所不欲，天便罰之。這表明，天能對人之行爲作出賞罰，進而決定每個人的貧富、貴賤、吉凶和禍福。儘管如此，上天對人命運的主宰並不是隨意的，而是根據每個人的行動進行賞罰的結果。這樣一來，爲了賞善罰惡，上天必須先考察每個人的行爲。

大千世界，芸芸眾生，民人何其眾、何其多也！幽林溪谷，無邊無垠，天地何其廣、何其闊也！庶民今而東，明而西，舉措何其雜、何其繁也！對此，上天要時時刻刻、無一遺漏地作出考察，其工作何其辛苦、何其艱巨也！獨此一上天豈能堪任哉！爲了協助上天的工作，墨子抬出了鬼神。他指出，鬼神具有暗中監察的本領，能夠監察人的行動，人的一切行動都逃不過鬼神的視線。上至王公大人，下至黎民百姓，都在鬼神的監視、考察之中。墨子聲稱：「是以吏治官府之不絜廉，男女之爲無別者，鬼神見之。民之爲淫暴寇亂盜賊，以兵刃毒藥水火，退無罪人乎道路，奪人車馬衣裘以自利者，有鬼神見之。」（《墨子・明鬼下》）在此，墨子強調，鬼神的監察是道法無邊、無遠弗屆的。因此，他一再重申：

> 雖有深谷博林、幽澗毋人之所，施行不可以不董，見有鬼神視之。（《墨子・明鬼下》）

> 故鬼神之明，不可爲幽閒廣澤、山林深谷，鬼神之明必知之。（《墨子・明鬼下》）

由此可見，在改變和操縱人的命運方面，鬼神具有非凡的神威。正因爲如此，墨子宣稱：「鬼神之明智於聖人，猶聰耳明目之於聾瞽也。」（《墨子・耕柱》）

總之，在墨子那裡，上天對人的賞罰是由鬼神完成的，鬼神的監察是上天賞善罰惡的依據。監察之必，注定了賞罰之果；監察之清，注定了賞罰之明：「鬼神之罰，不可爲富貴眾強，勇力強武，堅甲利兵，鬼神之罰必勝之。」（《墨子・明鬼下》）在他看來，人或得福或遭禍，或得疾或得壽，都是鬼神考察了每個人的行爲之後作出審判的結果，都可以循著鬼神的考察最終在上天那裡找到理由。

《墨子》中記載了這樣一則故事：墨子生了病，跌鼻對他說，您說鬼神能賞善罰惡，您是聖人，爲什麼患病遭禍呢？是不是您的言論不對呢？墨子答曰：「雖使我有病，何遽不明？人之所得於病者多方，有得之寒暑，有得之勞苦。百門而閉一焉，則盜何遽無從入？」（《墨子・公孟》）鬼神的出現使人獲得了一絲心理平衡，上天委任鬼神對人之行爲的考察給了人相同的機遇與挑戰，表明人人皆站在相同的命運的起跑線上。在受生之初，人的命運是一張沒有任何色彩或線條的空白圖紙，後天的色彩及圖案完全靠你自己去描畫。命運面前，人人平等。

三、隨機與因果

按照孔子的說法，人的生死貴賤都屬於命中注定，得到富貴並非賢德而是命吉，遭受貧賤並非殘暴而是命凶。一切都是天事先安排好的，是人命該如此，與人的後天行爲沒有任何關係。從這個意義上說，就人自身而言，命出於外因，是外在的因素；就天的決定而言，命出於內因——自身的隨機，不受任何外在因素（包括人的好惡和行爲）的干擾或影響。換言之，在孔子那裡，對於人而言，天完全是一種異己力量，人的一切命運都出於天。天就是一個最終依託，一個一勞永逸的答案。凡是人對於自己的際遇找不出謎底、講不出所以然的地方，都可以在天那裡找到解答，更確切地說，是在天那裡得到最終化解。

在孔子那裡，正因爲命是先天的，在人出生之前業已注定——這時，人的生命是一片空白，人還沒有作出任何舉動和言行；正因爲命是一次成型的——上天不會因爲人後天的行爲而重寫或改變既成的決定。所以，命與人的後天行爲沒有直接關係，一個人勤勉惰怠、上進頹廢、中正乖戾與命無關。這方面的典型例子是顏淵。顏淵是孔子最得意的學生，不論人品還是學識都在七十二子之首。這種卓然超群的人命卻不佳——生時貧困交加，並且英年早逝。其實，這一切對於孔子來說並不矛盾：人的生死壽夭由天注定，貧富貴賤由天注定，品德才華也由天注定……命運便是各種因素的隨機組合。這樣的命，只能是隨機的。就大多數人而言，組成命運的各種因素不和諧（如德高命短、富貴德劣、長壽識淺等）也在情理之中。因爲命與人後天的行爲沒有直接關係，所以就不能從人的行爲善惡來理解其命運的變幻多舛。可見，在孔子那裡，一個人究竟要遭遇什麼樣的命，從其自身來說，完全是不可預知、無法捉摸的偶然，只能說取決於天，是上天注定的。如果接下去再問，上天爲什麼或依據什麼給人定以如此之命呢？回答是沒有原因、沒有理由，因爲這一切都是隨機的。命好者是運氣好，命凶者是運氣壞，怪不得別人，也由不得自己。鑒於種種認識，孔子一面斷言天命是存在的，人的一切吉凶禍福、生死壽夭都是天的安排；一面宣稱天對人命運的安排是在冥冥之中進行的。這種朦朧性和神秘性增加了天在人心中的神聖性。

與此同時，綜觀孔子的論述可以發現，作爲天地萬物和人類主宰的天總是在冥冥之中實施自己無所不至的威力，從不用語言向人們暗示或交代什麼。孔子說：「天何言哉？四時行焉，百物生焉。天何言哉！」（《論語・陽貨》）天不言而生物，人便得不到暗示，只能懵懵懂懂地被天推著走。這在增強天的神秘和魅力的同時，加劇了人對天的恐懼、壓抑和無助。在孔子看來，就存在狀態而言，主宰人類命運的天不用言語與人進行任何溝通和交流，讓人對其無法揣摩和把握。並且，這種孤傲冷漠的天喜怒無常、舉止不定，在注定每個人的命運時沒有任何標準和憑證。這使人無法洞察天意。

在墨子那裡，上天不再「任性」，因爲上天決定人之命運的隨機性發生了改變。墨子認爲，天的神通和權威無邊無際、無遠弗屆，即使是人跡罕至的幽林密谷也逃不脫上天的視野。他說：「夫天不可爲林谷幽門無人，明必見之。」（《墨子・天志上》）上天不僅對人的行爲明察秋毫，而且進行賞罰。墨子強調，上天對人的賞罰不是隨意的，而是有原則的，賞罰的原則是：爲天之所欲者得賞，爲天所不欲者遭罰。墨子宣稱：「天子爲善，天能賞之；天子爲暴，天能罰之。」（《墨子・天志中》）天子尚且如此，王公大人和普通百姓更不例外。既然如此，上天依據什麼原則對人之行爲進行賞罰呢？這具體包括四個方面：第一，墨子認爲，義是天之所欲，不義是天之不欲。率領天下從事於義，便是爲天之所欲。人爲天之所欲，天亦爲人之所欲。人之所欲者何？福祿也。因此，從事於義則得福祿。反之，從事於不義，便是爲天所不欲。人爲天所不欲，天亦爲人所不欲。人所不欲者何？禍祟也。因此，從事於不義則得禍祟。第二，墨子指出，天欲人兼相愛交相利，「愛人利人者，天必福之」（《墨子・法儀》）。從前禹、湯、文、武等聖王兼愛天下百姓，率領天下人民事奉天鬼，其利人多，因而天賜福給他們，立爲天子，使天下諸侯敬事他們。不僅如此，上天還讓他們流芳百世，被後世子孫所讚揚和稱道。第三，墨子強調，上天不願人們征伐、廝殺和無辜者慘遭殺戮，「惡人賊人者」和「殺不辜者」必遭天罰。墨子反覆斷言：

> 惡人賊人者，天必禍之。(《墨子・法儀》)
>
> 殺一不辜者必有一不祥。殺不辜者誰也？則人也。予之不祥者誰也？則天也。(《墨子・天志上》)

由此可見，桀紂幽厲等暴君兼惡天下，殘害的人多，天禍之，使其失家喪國，並遭殺身之禍。不僅如此，上天還讓他們遺臭萬年，被後人毀之，至今不息。第四，王公大人和農夫織女行動勤勉則天賞，得治得富；其行爲怠慢則天罰之，得亂得貧等等。

墨子進而指出，個人的命運掌握在天的賞罰之中，國家的命運也是如此。他宣稱：「順天意者，義政也；反天意者，力政也。」(《墨子・天志上》) 在此，墨子強調，實行義政的國家得天賞，必治、必強、必富、必眾；實行力政的國家遭天罰，必亂、必弱、必貧、必寡。由此推而廣之，墨子把國家的貧弱和混亂都視爲不祭祀天、鬼而遭天罰的結果。這正如《墨子》書中所載：

> 若苟貧，是粢盛酒醴不淨潔也；若苟寡，是事上帝鬼神者寡也；若苟亂，是祭祀不時度也。今又禁止事上帝鬼神。爲政若此，上帝鬼神始得以上撫之曰：「我有是人也，與無是人也，孰俞？」曰：「我有是人也，與無是人也，無擇也。」則推上帝鬼神降之罪厲之禍罰而棄之。(《墨子・節葬下》)

墨子聲稱，個人和國家的命運都是上天賞罰的結果，而天之賞罰並非毫無由來的一時起意，而是根據鬼神對人之行爲的具體考察。行善、爲天之所欲是因，得天賞、命吉是果。作惡、爲天所不欲是因，遭天罰、命凶是果。在此，有因才有果，無因便無果。有因必有果，果必出於因。因與果，一一對應，既無可逃遁，又絲毫不忒。這表明，墨子雖然宣稱天能主宰人的命運，賜福或降禍於人，但是，這不是事先注定的，也不是隨機的，而是對人的行爲考察之後作出的裁決。從這個意義上說，一個人的命運究竟如何，完全是他自身行爲的必然結果——行善者得福，作惡者遭禍。如此說來，天只是充當因果報應的工具而已。難怪有學者評價說，墨子的「天志」主張是泛神論外衣掩蓋下的唯物論。不論這種評價恰當與否，有一點是可以肯定的，那便是：墨子把人的福壽禍夭都視爲人自身行爲的結果，相信一切都歸於自取。正是在這個意義上，他宣稱：「是故比干之殪，其抗也；孟賁之殺，其勇也；西施之沈，其美也；吳起之烈，其事也。故彼人者，寡不死其所長。」(《墨子・親士》) 墨子進而指出，個人的命運由其自身決定，國家的命運也不例外。

循著這個思路，在人受生之初或沒有發出行爲之前，命運是一片空白。進入生命洪流之中的命運是什麼？要靠自己去書寫。天主宰人的命運，是隨時隨地根據人的行爲而定的。雖然實施者是天、鬼，但是，最終的決定因素還是人及人的行爲本身。

第三節　待命方法的差異

孔子、墨子都將人的命運與天聯繫起來，這使兩人的命運觀既與對天的理解密不可分，又與對命的理解息息相關。正是對知天與待命的理解使孔子、墨子的命運觀漸行漸遠。

一、知天

孔子、墨子認爲，人之命天注定。儘管如此，兩人對天的界定並不相同，並由此導致在知天命問題上的巨大差異。

既然孔子所講的命是上天一次注定、永無更改的，那麼，對於命運已定、既成事實的人而言，知不知命本無區別，知命是不必要的。與此同時，從天的存在狀態來看，天既不言不語，又隨機莫測，這使人不可能洞悟天機。從這個意義上說，認識天又是不可能的。儘管如此，這只是問題的一個方面，問題的另一方面是，既然天命無所不在，人的一切命運都時時操縱在天的手中，無法擺脫又無法逃遁，那麼，有智慧或道德修養高的人對天命也就不能佯裝不知了。所以，孔子斷言：「不知命，無以爲君子也。」（《論語・堯曰》）孔子希望人「知命」，他所講的「知命」，內涵又是什麼呢？在回憶自己學道和修養過程時，孔子曾說：「吾十有五而志於學，三十而立，四十而不惑，五十而知天命。」（《論語・爲政》）這明白無誤地表明，孔子「知天命」整整花掉了 35 年的時間！這是多麼漫長的歲月！在古代那種社會條件下，大概有許多人還沒有知命就早已斃命了。更何況 35 年的時間還是就孔子而言的，對於天資不殊、困而不學的一般人而言，即使是壽比彭祖，恐怕也難知天命了。尤其值得注意的是，孔子所講的「五十而知天命」是說自己明白了天命是存在的，知道人的一切命運咸由天定呢？還是說弄懂了命運的眞諦，洞徹了天注定人吉凶禍福的規律呢？答案恐怕是前者，可以作爲證據的是：弄懂了天命便可依此而行，再不必敬而遠之地「畏天命」了；弄懂了天命便可談論和講述之，而孔子並非如此。據《論語》和其他文獻記載可知，孔子對天與命的闡釋不多。即使在授徒講學時，孔子也很少談論天命之事。難怪子貢發出了如是感慨：「夫子之文章，可得而聞也；夫子之言性與天道，不可得而聞也。」（《論語・公冶長》）就連孔子平生最得意的弟子之一——子貢都這麼說，孔子罕言天命也就可想而知了。

由上可見，孔子所勾勒的天是冥冥不得視、默默不得聞的神秘主宰。在安排人的命運時，隨機而行更加劇了天的高深莫測。這樣的天，人無法接近和瞭解。在天面前，人永遠無法擺脫的是無名的恐懼和莫名的悲哀，無助、卑微和渺小成爲人改變不了的宿命，聖魯皆同，良否無異。孔子對天的界定是天命論的組成部分，爲他的待命之方預設了理論前提和邏輯框架。

與孔子視界中的天相比，墨子之天多了幾分明朗和清晰，尤其是「天志」的出現增加了上天的透明度。按照墨子的說法，上天創造自然界和人類社會的過程既不是下意識的自然而然，也不是偶然的隨機，而是天表現和宣洩其意志和好惡的過程。通過觀察上天的創造和進行邏輯推理，墨子窺探到了種種之「天機」。

「兼愛」。墨子斷言，天有「兼愛」之志，欲人之相愛相利。他論證說：「天必欲人之相愛相利，而不欲人之相惡相賊也。奚以知天之欲人之相愛相利，而不欲人之相惡相賊也？以其兼而愛之、兼而利之也。奚以知天兼而愛之、兼而利之也？以其兼而有之、兼而食之也。今天下無大小國，皆天之邑也。人無幼長貴賤，皆天之臣也。」（《墨子・法儀》）在這裡，墨子不僅肯定「兼愛」是「天志」，而且用自己的邏輯特長進行了論證。通過墨子邏輯推理的層層推演，始於天國的「天志」逐漸明朗，並由於落腳於人間、與人密切相關而變得眞實可信起來。

「非攻」。墨子認爲，與「兼愛」相對應，上天欲人「非攻」，不欲人相害相賊，不願意看到國與國、人與人之間的相互攻伐和戕害。其實，上段引文已經表明，墨子認爲上天具有這方面的意志。此外，對於天欲「非攻」，墨子還有多處表達。例如，他斷言：「天之意不欲大國之攻小國也，大家之亂小家也。強之暴寡，詐之謀愚，貴之傲賤，此天之所不欲也。不止此而已，欲人之有力相營，有道相教，有財相分也。」（《墨子・天志中》）在墨子看來，上天對天下的百姓「兼而有之」、「兼而食之」，體現了對百姓之愛。戰爭和攻伐卻殺人如蟻如麻，耗財不計其數，這樣做天必惡之。這用他本人的話說便是：「夫取天之人，以攻天之邑，此刺殺天民，剝振神之位，傾覆社稷，攘殺其犧牲，則此上不中天之利。……夫殺之人，滅鬼神之主，廢滅先王，賊虐萬民，百姓離散，則此中不中鬼之利矣。……夫殺之人，爲利人也博（即薄——引者注）矣。又計其費此，爲周生之本，竭天下百姓之財用，不可勝數，則此下不中人之利矣。」（《墨子・非攻》）

「貴義」。墨子宣稱，「天欲義而惡不義」。這表明，上天貴義。他的邏輯是，義不從愚且賤者出，而必從貴且知者出。而宇宙之間，天最貴、最知。因此，義必然生於天。正是在這個意義上，墨子斷言：「義不從愚且賤者出，必自貴且知者出。……然則孰爲貴？孰爲知？曰：天爲貴，天爲知而已矣。然則義果自天出矣。」（《墨子・天志中》）按照他的說法，義從天出，說明「天欲義而惡不義」。對於這個說法，墨子給出的理由是：「然則天亦何欲何惡？天欲義而惡不義。……然則何以知天之欲義而惡不義？曰：天下有義則生，無義則死；有義則富，無義則貧；有義則治，無義則亂。然則天欲其生而惡其死，欲其富而惡其貧，欲其治而惡其亂，此我所以知天欲義而惡不義也。」（《墨子・天志上》）

「尚賢」。墨子認爲，天欲人不分門第貴賤、出身貧富和親疏遠近推選賢才而舉之，而非任人唯親。這證明了「尚賢」是天之志。他宣稱：「故古聖王以審以尚賢使能爲政，而取法於天。雖天亦不辨貧富、貴賤、遠邇、親疏，賢者舉而尚之，不賢者抑而廢之。」（《墨子・尚賢中》）

此外，在墨子的視界中，上天還欲人勤勉而不欲人怠墮，欲社會分財平均而不欲不均，欲人事奉天鬼、祭祀以禮以敬等等。

總之，墨子把自己的是非好惡和價値意趣統統說成是上天的意志，這使他所講的天具有了某種人格神的意蘊。正是對上天的種種意志、欲望和好惡的闡述逐層揭開了上天的神秘面紗，使天在人面前豁然開朗起來。上天的這種從未有過的明朗化和清晰度預示了某種必然法則和一定之規，爲人之命運的因果決定奠定了理論前提。

二、待命

無論對孔子還是對墨子而言，知命都不是目的。在篤信天命無所不在的前提下，時時處處以天爲哲學依託和行爲準則，進而爲人尋找安身立命之所才是兩人的立言宗旨，當然也是兩人的最終目標。

就孔子而言，既然天命不可逃遁又不可確知，只好終日戰戰兢兢、謹慎從事，惟恐越雷池一步而觸犯了天條。這使「畏」成了孔子對待天命的基本原則和主要態度。孔子宣稱：「君子有三畏：畏天命，畏大人，畏聖人之言。小人不知天命而不畏也。」（《論語・季氏》）正是在「畏天命」的前提下，孔子主張通過祭、禱與上天和祖先溝通，以此對天命給予彌補。當然，最主要的是，孔子主張通過加強道德修養來對待命運。富與貴，乃人之所欲；貧與賤，乃人之所惡。孔子則把富貴與道德聯繫起來，對於富和貴，不以其道得之則不處；對於貧和賤，不以其道去之則不去。身居貧賤時，能把貧賤視爲命中注定而心安理得地去接受。《論語》有云：「子罕言利，與命與仁。」（《論語・子罕》）這表明，孔子很少談利，談利時總是結合命和仁一起談。換言之，孔子不排斥富貴和名利，卻總是考慮這種利是否符合道德規範（仁）、是否應該（命）。基於對利的這種理解，孔子斷言「君子憂道不憂貧」，對顏淵安貧樂道、不求富貴的精神極爲欣賞。

此外，孔子還強調自強和弘毅，以此激勵人勇敢地接受命運的挑戰。他把是否可以迎接重大考驗、承受命運的不公看作是衡量君子與小人的標準，鼓勵人像松柏遇寒而不凋一樣來面對挫折和失敗。感人至深的是，孔子是這樣說的，也是這樣做的。孔子抱定「知其不可而爲之」的決心爲推行德治所進行的步履維艱的悲壯之旅未能如願，卻給後人留下了永久的回味。

墨子對天的種種界定爲人釐定了法天的行爲準則。他指出，每個人做事都要有一定的法儀，沒有法儀則一事無成，這正如工匠不以規矩則無以成方圓一樣。既然如此，什麼是人的規矩？人究竟應該效法什麼呢？墨子的回答是：「莫若法天。」（《墨子・法儀》）在他看來，只有上天才是宇宙間吉凶禍福的眞正主宰，人只上同於天子而未上同於天，天災猶未可免。這是因爲，「天之貴且知於天子」（《墨子・天志中》），天是主宰吉凶的最高權威。天子的高貴靠上天的恩賜，天子尚不能保障自身的安康和吉福，何暇顧及、庇護他人！「天子有疾病禍祟，必齋戒沐浴，潔爲酒醴粢盛，以祭祀天鬼，則天能除去之。然吾未知天之祈福於天子也。」（《墨子・天志中》）至此，墨子得出結論，「法天」是唯一的出路。

進而言之，墨子所講的「法天」、「上同於天」，具體要求和操作途徑有二：第一，以天爲是非標準來判斷一切善惡、衡量一切曲直。墨子宣稱：「我有天志，譬若輪人之有規，匠人之有矩。輪匠執其規矩，以度天下之方圓。曰：『中者是也，不中者非也。』」（《墨子・天志上》）這就是說，猶如輪匠有規矩一樣，人有了天志便有了標準。以「天志」爲標準，人之言論和行動都放在天的審判臺上，順天者爲善爲仁、逆天者爲惡爲非，一切都變得黑白分明、一目了然。這正如《墨子》所載：「故子墨子之有天之意也，上將以度天下之王公大人爲刑政也，下將以量天下之萬民爲文字出言談也。觀其行，順天之意，謂之善意行；反天之意謂之不善意行。觀其言談，順天之意，謂之善刑政；反天之意，謂之不善刑政。故置此以爲法，立此以爲儀，將以量度天下之王公大人卿大夫之仁與不仁，譬之猶分黑白也。」（《墨子・天志中》）第二，爲天之所欲，不爲天所不欲。墨子斷言：「天之意，不可不順也。」（《墨子・天志中》）人法天，就是順天之意，使自己的行爲以天爲準則，做到「動作有爲，必度於天。天之所欲則爲之，天所不欲則止」（《墨子・法儀》）。例如，天欲勤勞、平均，古代聖人就「聽獄不敢不中，分財不敢不均，居處不敢怠慢」（《墨子・兼愛下》）。

第四節　思維方式與社會影響

上述內容顯示，孔子與墨子在尊天、祭天的前提下對天與人的關係、天決定人命的方式和人的待命之方提出了不同的設想，展示了兩人命運觀的分歧。透視這些分歧，有助於深刻把握儒家與墨家不同的思維方式、社會影響和歷史命運。

一、必然—偶然與偶然—必然

孔子與墨子天命論的差異不僅反映了對待命運的不同態度和方法，而且折射出相去甚遠的思維方式。

孔子在解釋人的命運時，勾勒必然—偶然的模式：一方面，就每個人類個體而言，命運是必然的，每個人都必然按照上天事先安排好的軌跡活著。無論他後天行爲如何，際遇與上天事先安排好的命運沒有一絲一毫的背離和偏差，一切都在必然之中。另一方面，把每個人的命運放到人類這個大群體中予以考察，則一切都出於偶然。這就是說，爲什麼人與人之間的命運如此懸殊，際遇如此迥異？一切都是天在不經意中隨機安排的，其間沒有一定之規和必然法則可循。

墨子在解釋人的命運時，勾勒了偶然—必然的模式：一方面，就單個人的先天命運而言，所有人的命運相同——都是未確定的，或吉或凶，可福可禍。從這個意義上說，人的一切命運皆屬偶然。另一方面，對於現實人的命運而言，儘管人與人之間的命運相差懸殊，然而，所有人的吉凶禍福都不是偶然的，其中有因果必然性。在此，履行因果報應的是天和鬼神，出因者和受果者是人，即人不論得福還是遭禍都是自食其果。這實際上是把主宰命運的權利交給了人自身。

墨子所講的善惡有報，不由使人想起了佛教的因果報應。其實，墨子看到了命運中的必然因素即人的命運與道德優劣和行爲勤懈有關，具有督人向善的警世作用。他對某些偶然事件和際遇——諸如行善者不福、作惡者不禍之類問題的解釋則顯得牽強附會，難以令人信服。對於這一點，時人對墨子的當面詰難便是明證。

從表面上看或在理論領域，孔子、墨子天命論的差異只是偶然與必然的換位和顛倒。一旦觸及實踐領域或社會現實，兩人學說的不同後果和社會效果立即凸顯出來，並集中反映在命運的可變與不可變上。在人生追求和待命態度上，孔子的重點在於讓人去承受無法改變的必然之命；墨子讓人去努力進取，充實命運之必然——得善報而享福享壽。

孔子認爲，命是不可改變的異己力量。既然命不可變，人只好通過道德修養俟命、待命，用心理的平衡去沖淡現實生活中經濟和物質方面的不平衡。孟子的這段話絕好地表達了包括孔子在內的儒家的思想意圖：「求則得之，舍則失之，是有益於得也，求在我者也。求之有道，得之有命，是求無益於得也，求在外者也。」（《孟子·盡心上》）這就是說，自己想要而又得不到的，沒有辦法，只好從心理上視之爲命中注定不該歸己。這就是一種心理補償。從命的具體內容來看，儒家的命爲道德修養、「憂道不憂貧」奠定了思想基礎。在不幸意外襲來、當人爲某種意料不到的偶然事故悲痛欲絕、痛不欲生時，如果把這一切的來臨都歸推於無法言說的天命，或許可以幫助人們排遣心中的失衡，盡快從悲哀中掙脫出來。從這個意義上說，孔子的天命論就像是「心靈雞湯」。如果像墨子那樣一定執著於因果，非要問個清楚明白，難免導致更大的心理失衡。

二、隨機而差等與因果而平等

從社會效果上看，孔子對人之先天命定的強調助長了上天面前人與人的不平等。儘管孔子一再強調天隨機莫測，然而，同樣由天注定的人之命運的參差不齊還是使人不由懷疑上天對不同的人懷有偏袒或敵意。在孔子那裡，正如同樣是「愛人」，卻要對不同的被愛對象分出尊卑厚薄、分別對待而不能一視同仁一樣，同樣是人命天定，上天卻給了每個人不同的際遇、福禍、貧富和貴賤。在中國古代社會，孔子創立的儒家的天命論爲君權和宗法等級制度蒙上了一層天經地義、不可侵犯的神聖光環，並且在民間盛行不衰。

墨子認定命是可變的，變的因素在於人，在於自己的行爲造作。命可變，便可通過自己的行爲造命，不必抱怨自己時運不濟，不必羨慕他人命運好。只要辛勤耕耘，一定能獲得收穫。這給人一種奮鬥、進取、只爭朝夕的蓬勃生氣。具體地說，墨子的「天志」、「非命」主張強調進取和後天的人爲，給了人平等的機會和作爲。墨子認爲，命運面前人人平等，上天給了每個人同等的機會。人在出生前，命運都是空白；人在出生後，行爲善惡有報，遵循同樣的必然法則。

對於墨子來說，人與人平等可以上升爲人與天的平等：天賞人罰人，人受天之利害，天也受人之利害。墨子判斷善和眞理的標準就是上中天之利，下中百姓人民之利，中中鬼之利。墨子主張「非命」，最主要的原因就是命之有損害了天鬼、國家和人民之利。他堅信，王公大人之所以早朝晚退，聽訟治政而不敢怠慢，是因爲他們知道：勤奮必治、懶惰必亂，勤勉必寧、懶惰必危；卿大夫之所以竭股肱之力、殫思慮之知，內治官府，外斂關市、山林、澤梁之利來實官府而不敢怠慢，是因爲他們知道：勤奮必貴、不勤必賤，勤勉必榮、不勤必辱；農夫之所以早出晚歸，勤於耕稼樹藝、多聚菽粟而不敢怠慢，是因爲他們知道：勤勉必富、不勤必貧，勤勉必飽、不勤必饑；婦女之所以夙興夜寐，勤於紡棉織紝，多織麻葛而不敢怠倦，是因爲她們知道：勤勉必富、不勤必貧，勤勉必暖、不勤必寒。由此可以推斷，如果從王公大人、卿大夫道農夫婦女都相信生死吉凶由命注定，便會失去進取的動力，進而給社會和百姓帶來無窮的災難：王公大人不勤而俟命，則國必亂必危；卿大夫不勤而俟命，則家必賤必辱；農夫不勤而俟命，則國必貧、身必饑；婦女不勤而俟命，則國必貧、身必寒。在墨子那裡，天賞善罰惡不是追求道德完善，而是爲了自己的利益。天兼愛人類，是爲了享受人類祭天、奉天和法天之利。墨子宣稱：

> 然則何以知天之愛天下百姓？以其兼而明之。何以知其兼而明

> 之？以其兼而有之。何以知其兼而有之？以其兼而食焉。何以知其兼而食焉？四海之內，粒食之民，莫不犓牛羊，豢犬彘，潔爲粢盛酒醴，以祭祀於上帝鬼神，天有邑人，何用弗愛也？（《墨子·天志中》）

這表明，在墨子構建的天人關係中，天與人之間是利益關係，都不再是唯一的決定力量。在共同的利益原則的驅動下，天人互動，相互作用和影響。在此，天不再只是布施者，也是受利者；人不再只是被操縱者，也是自主者——因爲人如何作爲，是勤是怠、是廉是貪、是善是惡完全由他自己選擇，而他選擇的結果反過來又影響鬼神的監察、上天的賞罰以及自己的命運。墨子命運觀隱藏的平等思想在一定程度上反映了下層人民的心聲。所以，它一方面成爲古代平均主義思潮之濫觴，一面又爲歷代農民起義所利用。這也從一個側面表明，墨子的命運觀與中國古代社會正統的價值觀念和人倫道德是牴觸的。

綜上所述，孔子、墨子思想的差異既顯示了儒家與墨家思想的不同，又帶給人諸多昭示。從歷史命運來看，在先秦時期，孔子創立的儒家與墨子創立的墨家並駕齊驅，享有同樣顯赫的學術盛譽，並稱「顯學」。後來，與儒家在漢代被獨尊、在南宋之後成爲官方哲學形成強烈反差的是，墨學在漢代便開始走向衰微，從此一蹶不振，在此後的古代社會中幾乎成爲絕學。到了近代，孔子的地位一落千丈，而墨子則與釋迦、耶穌並提，被奉爲世界和平使者和博愛大師；儒家遭遇前所未有的質疑，墨學則出現復興氣象。形成這種鮮明對照的原因是多方面的，就在古代社會的際遇來說，除了墨學熱衷於自然科學、與推崇治國平天下的傳統價值取向相左，故而在古代社會中被人蔑視與輕漫外，最主要的原因便是墨子的平等思想觀念與中國古代的宗法等級制度相牴牾。在這方面，儒家則起到了辯護作用。儒家與墨家的分歧聚焦在道德理想與功利訴求上。在中國歷史上，義利之辨一直是核心話題。中國傳統文化注重義與利的差別，墨子側重兩者的融通。在這方面，儒家代表了古代社會的主流觀點，墨家則處於非主流地位。儘管儒家、墨家的思想主旨並沒有變，然而，在思想啓蒙的近代，社會需要和文化語境的變化使兩家的命運發生逆轉。

第十九章　儒家仁愛與墨家兼愛比較

先秦時期，學術繁榮，百家爭鳴。在先秦的諸子百家之中，思想最爲相近的莫過於儒家與墨家。無論對天的尊崇還是熱心於公共事業都拉近了兩家之間的距離，而與道家、法家漸行漸遠。從學術傳承和歷史命運來看，儒家與墨家在先秦時期都十分盛行，同時號稱「顯學」。在秦後的歷史長河中，兩家的命運則差若雲泥：一邊是儒家成爲主流，一度被「獨尊」、二次被奉爲官方哲學；一邊是墨家在秦漢之後走向衰微，乃至成爲絕學。面對儒家和墨家的際遇，人們不禁要問：儒家和墨家在先秦共顯的原因何在？在秦後一榮一毀的懸殊命運又是爲何？儒學與墨學的比較，既有助於深刻把握儒學有別於墨學的特質，又有助於深入體悟儒學的初衷以及與墨家不同的歷史際遇。對於儒家與墨家的比較，選擇仁愛與兼愛進行則饒有趣味。

第一節　共同的交往原則和立論根基

先秦時期是中國文化的「軸心時代」，出現了「百家爭鳴」的繁榮景象。在這一時期，學說蜂起，異彩紛呈。先秦時期的諸子百家之所以可以展開爭鳴，除了寬鬆的社會環境和自由的學術氛圍之外，還有一個重要的思想前提，那就是：諸子百家之間擁有共同的熱點話題，面對相同的問題發出不同聲音，由此形成了對話和爭鳴。事實上，正如中國哲學側重人生問題，旨在爲人尋找安身立命之所一樣，先秦時期諸子百家的思想都圍繞著人如何安身立命展開：在安身即進行道德修養和處理人與人之間的關係問題上，儒家和墨家走到了一起——都把治理國家和處理人際關係的希望寄託於愛；在立命即探尋人的本體依託和形上玄思上，儒家和墨家不約而同地企盼上天的庇護。呼籲愛和奉天祭天不僅構成了儒家和墨家思想的相同之處，而且成爲兩家與道家、法家的學術分野。

一、仁和兼愛

孔子的思想非常博大，甚至有些博而寡要。或許正是針對這一譏諷，對於自己博大的思想體系，孔子明言「吾道一以貫之」。儘管孔子表示自己的學說有一條貫穿始終的主線，然而，他並沒有進行具體說明或解釋。對於孔子學說一以貫之的這條主線究竟是什麼，孔子的親炙弟子——曾子一語破的：「夫子之道，忠恕而已。」（《論語・里仁》）依據曾子的說法，忠恕是孔子整個思想體系的核心，即一以貫之的主題。被曾子用以概括孔子思想的「忠恕」，質言之，也就是仁。曾子以「忠恕」作爲「夫子之道」的邏輯主線彰顯了仁對於孔子思想的首屈一指。在孔子那裡，仁最基本的含義就是愛人。《論語》記載：「樊遲問仁。子曰：『愛人。』」（《論語・顏淵》）從積極方面看，仁是忠；從消極方面看，仁是恕。作爲愛人之方，忠和恕合而言之即是仁。正因爲如此，曾子以仁貫道突出了孔子思想的仁愛主題。在對仁的彰顯和弘揚上，孟子與孔子相比有過之而無不及——不僅從人性哲學的角度論證了仁即不忍人之心「人皆有之」，是人與生俱來的本能，而且在本體哲學、認識哲學領域爲仁的確證提供論據。更爲重要的是，孟子提出的仁政直接闡述了仁的貫徹實施，使仁從道德觀念、先天本性轉化爲具體行動和治國方略。

無獨有偶，在諸子百家之中，墨家的思想同樣表現出對愛的渴望和呼喚。墨子作《兼愛》三篇，通過「兼相愛」達到「交相利」的目的。在此過程中，墨子竭力勸導天子及聖明的君主以兼愛行政，臣眾以兼愛處世。墨家嚮往「兼以易別」，試圖以此來避免戰爭、爭奪、廝殺和犯罪。

儒家提倡的仁愛也好，墨家呼籲的兼愛也罷，基本含義和思想主旨都是愛。孔子、孟子對仁的大聲疾呼和墨子對兼愛的奔走呼號表明，儒家和墨家都把愛作爲人的行爲規範和交往原則，都試圖通過設身處地、將心比心來達到最眞誠、最切實的愛人目的。呼喚愛、渴望用愛來處理人與人之間的關係是儒家和墨家思想的相同之處。儒家、墨家思想的這一相同點在與道家和法家的比較中則看得更加清楚、明白。

眾所周知，道家尤其是莊子主張「君子之交淡若水」，把人情視爲人生的累贅和自由的羈絆，追求擺脫相濡以沫的拖累之後的相忘於江湖之大樂。無論老子的「雞犬之聲相聞，民至老死不相往來」（《老子・第 80 章》）還是莊子淡若水的「君子之交」都在透露出豁達和超脫的逍遙自在之時，總難免給人一種淒涼、滄桑之感。老子、莊子代表的道家對人際關係的處理淡化了人對親情的渴望，法家的做法則有悖人性和親情。為了推行法治，韓非代表的法家把自私自利說成是人的本性。在韓非眼裏，人與人之間的關係——包括血肉親情的父子、家庭關係和君臣、上下關係都成了血淋淋的利益關係、戰爭關係和買賣關係。法家基於人性的自私自利所勾勒的爾虞我詐、勾心鬥角的人際關係令人冰冷刺骨、不寒而慄。如果人與人之間的關係果眞如韓非描述得如此險惡和殘酷，那麼，人生還有什麼意義和價值呢？如果這樣，即使是取得了霸主地位，享受著榮華富貴，人就擁有幸福了嗎？

與道家的超脫出世、對他人的漠不關心和法家的冷酷無情、陰險狡詐形成強烈反差的是，儒家、墨家對人的美好情感和善良之心的呼喚和渴望。儒家對仁愛的執著追求、墨家對兼愛的奔走呼號便是這種美好情愫及良好願望的宣洩和傾訴。孔子強調：「能近取譬，可謂仁之方也已。」（《論語・雍也》）愛人最好的辦法就是自己想要的，要想著別人，給別人機會；自己不想要或不願面對的，也不強加於人。這用孔子本人的話說便是：

己欲立而立人，己欲達而達人。（《論語・雍也》）

己所不欲，勿施於人。（《論語・衛靈公》）

與孔子的主張相似，墨子強調，兼愛的具體做法是：「視人之國若視其國，視人之家若視其家，視人之身若視其身。」（《墨子・兼愛中》）引文中的「其」，指自己。兼愛就是在感情上和心理上把別人的一切（包括國、家乃至身）都看成是自己的，就像對待自己的一樣倍加愛護和關心。試想，天底下還有什麼比這更眞誠、更實在的愛呢！

二、尊天祭天

如果說追求愛、渴望愛是儒家和墨家思想的共同點的話，那麼，兩家思想的另一個共同之處便是請天為愛作證。換言之，為了表明仁、兼愛的正當性、合理性和權威性，儒家和墨家都到上天那裡尋找立論根基。孟子認為，正如公侯伯子男是人爵一樣，仁是上天賦予人的天爵。因此，仁是天下最尊貴的爵位，也是人最安逸的住宅。三代以仁得天下，以不仁失天下；個人則以仁保家和保身，以不仁毀家和自毀。沿著相同的思路，墨子一面聲稱天是宇宙間之最尊貴、最智慧的存在，一面斷言上天具有意志和好惡。在此基礎上，墨子讓上天爲兼愛張目，斷言兼愛就是上天最大的意志和願望。

大致說來，百家爭鳴的先秦哲學在本體哲學領域可以歸結爲兩個陣營：一是天本論，一是道本論。在諸子百家之中，只有儒家和墨家哲學以天爲本、把天奉爲宇宙間的最高存在和絕對權威。同樣，到天那裡爲愛尋找立論根據流露出儒家、墨家試圖用上天抬高仁和兼愛的地位的理論初衷，表明了兩家所講的愛與他們的本體哲學（天論）具有某種內在聯繫。

孔子一面斷言上天主宰人的命運、安排人的生死壽夭和貧富貴賤，一面宣稱「天何言哉？四時行焉，百物生焉，天何言哉？」（《論語・陽貨》）如此說來，既然上天對人的命運的注定是一種隨機莫測的無言之舉、人們無法洞察天機，那麼，「畏」便成了人對待天命的最佳選擇乃至無奈之舉。因此，對於孔子來說，以仁愛等手段修身俟命也就是順理成章的事了。當恪守天命論的孟子把仁說成是天爵時即暗含了仁是上天賦予人的神聖使命和人生追求之意，盡力行道而死、以得正命的主張便是孟子這一心態的最好注腳。

墨子一邊堅信「天志」，斷言上天可以對人事進行賞罰；一邊竭力「非命」，否認既定之命，斷言人的一切命運都與自身的行爲有關。墨子要求人們法天，並且堅信天有一定之規：人爲天之所欲得賞，爲天所不欲遭罰。兼愛是「天志」，攻伐是天所不欲。如此一來，既然交相親愛是天之所欲、相惡相賊是天所不欲，那麼，兼愛也就成了人們順天、法天的不二法門。

總之，渴望愛、呼喚愛、相信人都有愛使儒家和墨家在交往原則和爲人處世上與心儀淡若水之交的道家分歧日顯，更與血腥殘酷的法家背道而馳。與此同時，天又使儒家、墨家與效法自然之道的道家、法家在本體依託和哲學建構上差若雲泥。這表明，愛和天在彰顯儒家、墨家與道家、法家的學術分野的同時，突出了兩家的思想特色，當然也成爲儒家和墨家思想的共同點。

第二節　相去天壤的理論意蘊和價值旨趣

儒家和墨家都把愛作爲處理人際關係的基本原則，並由此產生了與道家、法家的學術分野。進而言之，愛是什麼？如何去愛？儒家與墨家對這些基本問題的回答大相徑庭，充分展示了各自不同的意趣訴求和理論特色。簡言之，儒家之愛的基本範疇是仁，仁的基本內涵是「愛人」；墨家之愛的基本範疇是兼愛，兼愛的基本含義是「兼相愛」。孔子、孟子所講的「仁者愛人」與墨子所講的「兼相愛」不論立言宗旨、意蘊內涵和存在方式還是價值目標、行政操作和社會效果都不可同日而語。這就是說，儒家和墨家都高舉愛的大旗，卻在各自的愛之旗幟上書寫著不同的內容，故而傳達出不同的信息。

一、理論初衷和立言宗旨之分

同樣是對愛的渴望和呼喚，孔子、孟子與墨子的出發點和主觀動機判然分明。如果說儒家之仁愛的理論初衷是道德之完善的話，那麼，墨家之兼愛的立言宗旨則是功利之追逐。

孔子是一位道德主義者，一句「朝聞道，夕死可矣」(《論語・里仁》)將他對道義的殫精竭慮表達得淋漓盡致。令孔子魂牽夢繞的道不同於道家推崇的天道而是指人道，具體指以仁爲核心的倫理道德和行爲規範。孟子把仁奉爲上天最尊貴的爵位和人心最安逸的住宅，於是，「殺身成仁」、「捨生取義」便成爲最高的道德操守。與物質追逐有別，道德追求總帶有某種理想色彩。因此，與對仁的朝思暮想、寤寐以求形成強烈反差的是，孔子、孟子對物質利益和衣食住行的淡漠。正如孔子所言：「士志於道，而恥惡衣惡食者，未足與議也。」(《論語・里仁》) 孔子強調，君子具有「憂道不憂貧」、「謀道不謀食」的品格。孟子更是將爲義與爲利之動機作爲判定爲善與作惡的標準，得出了如下結論：「雞鳴而起，孳孳爲善者，舜之徒也。雞鳴而起，孳孳爲利者，跖之徒也。欲知舜與庶之分，無他，利與善之間也。」(《孟子・盡心上》) 從這個意義上說，儒家爲仁而生，爲仁而死，人生的意義和價值就是行仁義於天下。對於儒家來說，熱衷於仁正是出於道德完善和精神追求，具有濃鬱的道德理想主義情結。

墨子主張兼愛是出於現實的功利考慮，兼愛的目的是最大程度地獲取利，即「興天下之利」。在他看來，仁人從事以「興天下之利，除天下之害」爲主觀動機和行爲後果；要「興天下之利」，必須先「除天下之害」。那麼，所謂的天下之害是什麼呢？墨子解釋說：

> 若大國之攻小國也，大家之亂小家也，強之劫弱，眾之暴寡，詐之謀愚，貴之敖賤，此天下之害也。人與爲人君者之不惠也，臣者之不忠也，父者之不慈也，子者之不孝也，此又天下之害也。又與今人之賤人，執其兵刃、毒藥、水火以交相虧賊，此又天下之害

也。（《墨子・兼愛下》）

墨子進而指出，天下之害「以不相愛生」，爲了除天下之大害，必須兼愛。這就是說，兼愛的基本要求就是「兼愛天下之人」（《墨子・天志中》）；兼愛的作用原則就是「兼以易別」（《墨子・兼愛下》）。沿著這個思路，墨子堅信，兼愛是興天下之利的根本途徑和治天下的最好辦法。這用他本人的話說便是：「若使天下兼相愛，國與國不相攻，家與家不相亂，盜賊無有，君臣父子皆能孝慈，若此，則天下治。」（《墨子・兼愛上》）基於這種認識，墨子得出了如下結論：「故聖人以治天下爲事者，惡得不禁惡而勸愛？故天下兼相愛則治，相惡則亂。」（《墨子・兼愛上》）由此可見，追求功利是墨子所有理論和行爲的最終動機，在圍繞現實的功利主義展開論證上，兼愛的提出也不例外。具體地說，墨子之所以爲實施兼愛奔走呼號，目的有二：第一，在人與人的關係層面達到「交相利」的目的。墨子把人間的一切罪惡、不幸、犯罪和征伐等等都歸結爲人與人不能「兼相愛」。兼愛主張正是針對相惡相賊的局面有感而發的，是針貶時弊之策。第二，在天與人的關係層面得天之賞。在墨子看來，天有意志，可以對人事進行賞罰。人與人「兼相愛」是天之所欲，必得天賞，故而爲之。

尚需進一步澄清的是，墨家和法家都有功利主義傾向，兩家對功利的界定、追求利的手段相去天壤。與法家的極端功利主義——損人利己、爲富不仁有別，墨子反對「虧人自利」。兼愛的目的就是追求利益共享，確保天、鬼、人三方面的利益。這用他本人的話說便是：「上中天之利，而中中鬼之利，而下中人之利。」（《墨子・非攻下》）由此可見，推行兼愛便是利益均霑、天鬼人共同獲利的唯一辦法。墨子對人際關係的界定突出了利益原則，甚至把君臣、父子之間的關係都歸結爲利益關係。他斷言：「故雖有賢君，不愛無功之臣；雖有慈父，不愛無益之子。」（《墨子・親士》）可見，在墨子那裡，利益是人的最終目標和行爲鵠的，具有至愛親情的父子之間尚且如此，對於那些沒有血緣關係、萍水相逢的路人而言，彼此之間的關係也就可想而知了。一方面，就諸子百家對人與人之間關係的分析和界定而言，墨家的觀點與法家最爲類似，墨子對功利的追逐與韓非代表的法家對利的趨之若鶩極爲相似。儒家以血緣親疏釐定人與人的關係，這用有子的話說便是：「孝悌也者，其爲仁之本與！」（《論語・學而》）道家從逍遙的角度審視人與人之間的關係，在心儀無情之情的過程中超越親情和功利。一言以蔽之，就人與人的關係建構來說，儒家建構的是道德形態和樣式，道家建構的是人與人關係的自由形態和樣式，墨家和法家建構的則是利益形態和樣式。如果說儒家和道家的道德和自由樣式飽含理想的話，那麼，墨家和法家的功利樣式則更注重現實。另一方面，墨家與法家對利的理解大不相同，故而不可對二者等量齊觀。具體到處理人際關係和如何獲利等具體操作上，墨子的做法與韓非的極端自私自利和殘酷狡詐截然不同。在這方面，如果說韓非是爲了獲利而不擇手段的話，那麼，墨子則期望運用善的手段——「兼相愛」達到善的目的——「交相利」。循著墨子的邏輯，正如素絲染之蒼則蒼、染之黃則黃一樣，國或士皆有所染。在周圍環境的影響和他人的感染下，人會有所染而改變自己——染之兼愛則兼愛矣。如此一來，我愛人，人必從而愛我；我利人，人必從而利我。墨子正是想通過愛人、利人來達到人愛我、利我之目的，從而獲得自己之利。

二、思想內涵和心理機制之別

儒家之仁與墨家之兼愛的主觀動機、理論初衷在一定程度上決定了兩家之愛的思想內涵和心理機制之別。一言以蔽之，如果說孔子、孟子之仁的精神實質是別的話，那麼，墨子兼愛的原初含義則是兼；如果說仁的心理機制是由己及人的層層推進的話，那麼，兼愛的心理機制則是放射性的釋放和平鋪。

儒家歷來強調「愛有差等」，注重分別是儒家愛人的理論特色，甚至是基本原則。在孔子關於仁的論述中，當作爲思想內涵、內心情感和道德觀念的仁轉化爲外在形式和道德行爲——禮時，必須做到尊卑有等、親疏有分、厚薄有別、長幼有序，以期達到整個社會「君君、臣臣、父父、子子」（《論語・顏淵》）的狀態。爲了凸顯被愛者與愛者的名分和把握愛的分寸，孟子依據差等原則將仁者愛人概括爲「親親」、「仁民」和「愛物」三個境界和等級，進而強調其先後、本末之分，其間的秩序是：「親親而仁民，仁民而愛物。」（《孟子・盡心上》）

孔子、孟子之仁的差等原則決定了兩人注重愛人在心理機制上恪守先後、遠近和厚薄之別。對於仁的邏輯結構，有子曾言：「其爲人也孝悌，而好犯上者鮮矣；不好犯上而好作亂者，未之有也。君子務本，本立而道生。孝悌也者，其爲仁之本與！」（《論語・學而》）這表明，儒家所講的仁從愛自己的親人（父兄）開始，然後將心比心，由己及人，推廣到愛別人之親。出於同樣的邏輯，孟子宣稱：「老吾老，以及人之老；幼吾幼，以及人之幼。」（《孟子・梁惠王上》）由此可見，在仁之愛人的心理機制上，儒家試圖從家庭關係開始，由此由點到面、由近達遠、由己及人，達到由愛己之親、再愛路人乃至愛天下人以及天地萬物的目的。正如孟子所言：「仁者以其所愛，及其所不愛，不仁者以其所不愛，及其所愛。」（《孟子・盡心下》）這再次印證了仁之由己及人、由近及遠的行爲路線和邏輯思路。

如上所述，墨子提倡兼愛，要求「愛天下之人」。在向天下之人施予愛時，「兼以易別」——對所有人都平等地、一視同仁地、同時地予以對待。在這裡，不僅沒有了大國與小國、大家與小家的對峙，而且沒有了君與臣、貴與賤、上與下、尊與卑的區分，當然也沒有了強與弱、父與子、眾與寡、詐與愚的差異。一旦達到這種境界，便可以彌合尊卑、長幼、厚薄和親疏，不僅同時兼愛天下之人，而且平等地兼愛天下之人。

兼愛的平等、同時內涵預示了墨子推行兼愛的心理機制必然是超越尊卑、貴賤、人我之別的平面鋪開。事實正是如此，墨子強調，在給予和承受愛時，人與人之間的關係平等。這種平等關係表現爲時間上和心理上的同時而無先後、本末之分，同時表現爲空間上和效果上的互動而無強權特權。換言之，兼愛的平等原則既體現在動機上，又體現在效果上：第一，從動機來看，兼愛並非「無私的奉獻」而是「施恩圖報」。兼愛具有強烈而明確的功利動機，墨子不從隱瞞兼愛的目的是爲了得到他人的愛。邏輯很簡單，爲了得到他人的愛，我必須先去愛他人，所以才對天下人「兼相愛」。對此，墨子斷言：

> 即必吾先從事乎愛利人之親，然後人報我以愛利吾親也。……《大雅》之所道，曰：「無言而不仇，無德而不報。投我以桃，報之以李。」（《墨子・兼愛下》）

這清楚地表明，兼愛決不是無償的，我之所以愛利天下之人，就是爲了收穫天下人愛我利我之效。兼愛是有償的。第二，從效果來看，只有先「兼相愛」才能達到「交相利」的目的。墨子認爲，人與人之間的關係是相互的或曰互動的，並把人與人之間的這種互動關係稱爲「所染」。在這種關係中，要想獲取別人的愛，必須先給予別人愛；你先給予他人愛，他人也會以愛來回報你。正是在這個意義上，墨子寫道：「愛人者，人亦從而愛之；利人者，人亦從而利之。惡人者，人必從而惡之；害人者，人必從而害之。」（《墨子・兼愛中》）

在孔子那裡，人與人之間也是相愛的，仁就是愛。同時應該看到，在孔子設想的人與人之間的愛的關係中，人與人之間的權利與義務並不對等。換言之，上者對下者的愛——君對臣之惠和父對子之慈等與下者對上者的愛——臣對君之忠和子對父之孝等並不等價：上者所享有的權利遠遠大於其承擔的義務，下者則相反，基於血緣關係的親人與路人之差則突出了被愛人群的親疏、遠近和厚薄之別。與儒家之仁的愛人方式和原則截然不同，墨家嚮往的兼愛完全是平面鋪開的，其中沒有差別、沒有等級、沒有遠近以至於沒有人我之分，因而是完全平等和相互的。

三、價値取向和人生追求之差

儘管孔子、孟子和墨子都講愛，然而，大相徑庭的立言宗旨卻使愛在他們的價値系統中佔有的位置和擁有的地位不可能相同。具體地說，從價値取向和人生追求來看，仁在追求道德完善的孔子、孟子那裡是人生目的和最高價値，兼愛在追逐功利的墨子那裡是獲得利益、達到「交相利」這一價値目標的手段。

孔子、孟子視仁爲價値目標和人生追求。孟子聲稱：「仁也者，人也。」（《孟子・盡心下》）這就是說，作爲人的本質，仁是人之所以成爲人的內在規定。因此，人要由野蠻臻於文明、成爲眞正意義上的人，就必須時時刻刻「以仁存心」。正是在這個意義上，孟子一再強調：

> 惻隱之心，人皆有之。（《孟子・告子上》）
>
> 無惻隱之心，非人也。（《孟子・公孫丑上》）

對於孟子來說，仁是判斷君子與小人的衡量標準，也是人的神聖使命。對仁的追求使人「窮則獨善其身，達則兼善天下」（《孟子・盡心上》），以天下爲己任。有鑑於此，儒家不放過任何機會，以便把仁之道德和理想普播天下。孔子、孟子和荀子周遊列國，其目的皆在於斯。這表明，儒家把仁視爲人生的價値目標和神聖使命，仁也由此成爲人生的唯一意義和最高價値。仁不僅是人安身立命之本，而且是爲人處世之方。

在墨子那裡，兼愛既非人的本質，也不是人的本性。這意味著兼愛與人之所以成爲人並無直接關係。對於兼愛，人們可爲可不爲。爲與不爲，對人之所以成爲人沒有直接影響，不同的只是結果——或得賞而天下治和富貴飽暖，或遭罰而天下亂和貧賤飢寒。換言之，兼愛或不兼愛對人的影響只在於生活境況不同，對人的本質和人之爲人卻毫髮無損。從這個意義上說，墨子大聲疾呼兼愛，具有權衡利弊做出選擇的意味。其實，墨子的兼愛是「興天下之利，除天下之害」的一個步驟和手段，是達到「交相利」目的的過渡環節——總之，絕非目的本身。正因爲如此，在墨子的話語結構中，「兼相愛」與「交相利」如影隨形，總是同時出現。「兼相愛」之後總有「交相利」跟隨不僅反映出墨子以「兼相愛」之名行「交相利」之實的良苦用心，而且體現了「兼相愛」是手段和前提、「交相利」是目的和後果的精神實質。不僅如此，手段是爲目的服務的，與此相一致，墨子講「兼相愛」總是緊緊圍繞著「交相利」這個終極目的展開、並且受制於後者。對於墨子來說，之所以「兼相愛」，歸根結底是爲了「交相利」，因爲兼愛是天之所欲，而「我爲天之所欲，天亦爲我所欲。」（《墨子・天志中》）具體地說，天之所欲爲何？天所不欲爲何？人何爲而得天賞？何爲又遭天罰？墨子宣稱：「順天意者，兼相愛，交相利，必得賞。反天意者，別相惡，交相賊，必得罰。」（《墨子・天志上》）如此說來，兼愛與其說是人的道德操守，不如說是人與天的一種交換。人之所以兼愛即使不是迫於天的威力——求天之賞，也是權衡利弊——怕天之罰的結果。主張「天志」、「明鬼」的墨子堅信天與人的禍福息息相關，不止一次地發出了如下斷語：

> 愛人利人者，天必福之；惡人賊人者，天必禍之。（《墨子・法儀》）

> 今若天飄風苦雨，溱溱而至者，此天之所以罰百姓之不上同於天者也。（《墨子・尚同上》）

這清楚地表明，墨子之所以堅定不移地提倡兼愛，根本原因在於，兼愛是天之所欲，福祿是我之所欲。循著他的邏輯，我行兼愛，天予我以福祿；我不行兼愛，必遭天罰。

四、立論根基和存在方式之異

從立論根基和存在方式來看，孔子、孟子和墨子都在上天那裡爲愛找到了合理依託和本體證明，這是儒家和墨家思想的共同之處。接下來的問題是，上天如何爲愛作證？儒家、墨家做出的具體解釋並不相同。在這方面，儒家尤其是孟子把仁視爲人與生俱來的本能，使仁成爲人的內在本質和先天本性；墨子把兼愛說成是天之所欲，兼愛對於人來說作爲上好之、下從之的外在約束。這樣一來，儒家之仁愛與墨家之兼愛便顯示出內與外、先天本能與後天抉擇差等異。

按照孔子的一貫主張，人的一切命運包括生死富貴、智力才華等都是上天注定的，道德觀念也在上天生人之時的命定之列，所以才有了「天生德於予」(《論語・述而》) 的自負。道德是天生的，仁也概莫能外。這就是說，仁對於人而言與生俱來，是先天的。孔子的這一思想端倪被其後學孟子發揮得淋漓盡致。在孟子那裡，正因爲仁是上天生人之時就已經賦予人的一種本性和本能，所以，人見孺子入井產生惕怵之心。這種同情、惻隱之心的產生，既非想在鄉黨之間沽名釣譽、也不是與小孩的父母有交情、更不是討厭小孩的哭聲，而是先天的一種本能反應。有鑑於此，他斷言：「仁義禮智，非由外鑠我也，我固有之也。」(《孟子・告子上》) 孔子、孟子乃至後來的儒家都眾口一詞地強調仁與生俱來，是人的一種先天本能或本性。這些共同證明，儒家所講的仁，從存在方式來看，是內在的。

墨子的兼愛與上天具有某種內在聯繫，在這個層面上顯示出與儒家的某種相似性。儘管如此，墨子所講的兼愛對於人而言決不是孟子所說的先天賦予，這從他的「非命」思想中便可一目了然。事實上，墨子的兼愛是上天對人的行爲的一種外在約束。墨子強調，天是宇宙間最高貴、最智慧的存在，人的行爲「莫若法天」。對於如何「法天」，墨子寫道：「既以天爲法，動作有爲，必度於天，天之所欲則爲之，天所不欲則止。然而天何欲何惡者也？天必欲人之相愛相利，而不欲人之相惡相賊也。」(《墨子・法儀》) 這清楚地表明，墨子呼籲的「法天」就是指人的一切行爲都以天爲法——上天喜歡的便做，上天不喜歡的便止。具體地說，相愛相利是天之所欲，人們必須爲之；相惡相賊是天所不欲，人們決不能爲。由此可見，兼愛是天之所欲，並非人之所欲，當然更談不上是人之本性或本能。正因爲兼愛並非人的本性或人之所欲，而是天之所欲，所以，兼愛只是對於人順天、法天的要求，或者說人上同於天的一種方式。準確地說，人們之所以兼愛只不過是敬畏上天、討好上天的一種權宜之計而已。這再次表明，兼愛對於人而言，充其量只不過是來自上天的外在約束而已，決不是內在本性或本質。

五、行政貫徹和操作措施之殊

從行政貫徹和操作措施來看，儒家和墨家的設想具有相同之處——因循上層路線，注重由上而下的運作，都把推行愛的希望寄託在統治者的身上。在這個前提下尚應看到，兩家的具體做法迴然相異。孔子、孟子之仁的貫徹實施依靠君主以及統治者的禮樂教化和率先垂範，寄希望於道德感化和引導；墨子兼愛的推行憑藉上天、君主的好惡、賞罰，訴諸行政命令和賞罰措施。在此過程中，儒家側重主體的自覺和道德的自律，墨家則側重上天的權威和利益的驅使。

孔子相信道德自覺，對仁的踐行也是如此。正是在這個意義上，他反覆宣稱：

> 爲仁由己，而由人乎哉？（《論語・顔淵》）
>
> 我欲仁，斯仁至矣。（《論語・述而》）

正如仁者愛人在孔子那裡是道德範疇和倫理規範一樣，仁的推行和實施信憑統治者的人格力量和道德感召力，而不是——至少主要不是依靠行政命令。基於「道之以政，齊之以刑，民免而無恥。道之以德，齊之以禮，有恥且格」（《論語・爲政》）的認識，孔子把仁的推行寄託在統治者自身的道德感召力和榜樣作用上。他宣稱：「其身正，不令而行；其身不正，雖令不從。」（《論語・子路》）這套主張表明了孔子的德治路線，而德治的突出特徵就是依靠統治者的榜樣作用來帶動百姓。按照孔子的說法，「君子之德風，小人之德草。草上之風，必偃。」（《論語・顔淵》）既然風往哪邊吹，草自然就向哪邊倒，那麼，風向便起著決定作用。對於國家治理來說，在上者就是方向標，決定著國家的治亂和百姓的走向。這用孔子本人的話說便是：「上好禮，則民莫敢不敬；上好義，則民莫敢不服。上好信，則民莫敢不用情。夫如是，則四方之民繦負其子而至矣。」（《論語・子路》）孟子行仁義於天下的仁政講的也是以德服人，基本思路和要義便是通過統治者率先垂範的榜樣作用和道德說教使老百姓心悅誠服，從而達到王天下的目的。孟子的仁政主張進一步繼承和發揮了孔子注重主體自覺的思想傾向，並且爲其具體操作提出了經濟上（井田制）、管理上（勞心勞力的社會分工）和思想上（庠序之學）的保護措施。

深入分析孔子、孟子關於仁的貫徹措施和推行操作不難發現，在儒家的視界中，無論統治者還是被統治者都是出於主體自願和道德自覺。行之，沒有好處——行仁於天下沒有物質利益和經濟獎賞；不行，沒有惡果——不行仁不會遭罰。這從一個側面印證了一個事實，儒家推崇的仁愛始終是純粹的道德觀念和倫理範疇，不具有法律效力或威嚴。韓非正是因此揭露儒家倫理道德的軟弱無力進而推行法治的。

與儒家所講的仁相比，墨子的兼愛與其說是倫理、道德範疇，不如說更接近於一種法律條文——上天所欲、上者（天子、君主等）所命。在墨子的視界中，正因爲兼愛具有法律意蘊，所以，人行或不行兼愛結果不同——正如行之得賞一樣，不行遭罰。從這個意義上說，墨子提倡的兼愛最先考慮的不是人的主觀意願和主體自覺，而是看中了兼愛的行爲後果。具體地說，墨子呼籲「尚同」，「尚同」的意思是同於上：在天與人的關係層面，人同於天；在君與民的關係層面，民同於君。總之，「尚同」強調下級對上級的絕對服從，以至於在下者必須以在上者的是非爲是非。這用墨子本人的話說便是：「上之所是，必亦是之；上之所非，必亦非之。」（《墨子・尚同中》）據此，墨子把推行兼愛的希望寄託在君主的命令和好惡上，相信只要君主提倡，便可以上行下效，兼愛很快便會成爲一種時尚風行天下。爲了闡明其中的道理，以此證明自己此言不虛，墨子列舉了晉文公好士之惡衣、楚靈王好士之細腰和越王句踐好士之勇等例子予以證明。在他看來，晉文公、楚靈王和越王句踐的嗜好十分荒誕，因爲惡衣、少食和殺身而爲名都是老百姓所難以做到的。儘管如此，「苟君悅之，則眾能爲之」（《墨子・兼愛中》）。晉文公好士之惡衣、楚靈王好士之細腰和越王句踐好士之勇等足以證明，只要國君大力提倡，沒有做不到的。惡衣、少食和殺身而爲名如此難爲的嗜好都是如此，更何況兼愛既容易做到又可以獲利，只要君主肯行，老百姓何樂而不爲呢！

第三節　儒學與墨學榮辱原因之探討

一種學說的歷史命運取決於內外兩方面的因素：一是理論精神，一是社會需要；前者是內因，後者是外因。社會需要最終受理論精神的決定和制約。以此觀之，儒家、墨家思想在先秦時期並稱「顯學」和後來一盛一衰強烈對比的歷史命運與中國古代的社會環境和政治需要密切相關，同時也要到儒學、墨學的理論本身探尋根本原因。

一、相同點是同爲「顯學」的原因

如上所述，儒家和墨家思想的共同點主要集中在兩個方面：一是對上天的尊崇，一是對愛的呼籲。這兩點在春秋戰國之時具有一定的現實需要性，與儒學、墨學成爲「顯學」不無關係。

作爲中國哲學的萌芽和初始階段，先秦哲學與宗教處於渾沌未分的合一狀態。中國古代始終沒有形成與世俗世界截然二分的出世宗教，這並不意味著中國人沒有宗教觀念。事實上，中國古人的宗教情結綿長而濃厚。在中國先民的世界裏，巫術出現很早，祭祀之風盛行不衰。祭天不僅是個人日常生活中的大事，而且是國家政治生活的主要內容。《左傳》上記載的「國之大事，在祀與戎」便是對先秦社會的眞實寫照。早在殷周之際，中國人的上天觀念就已根深蒂固。孔子、孟子和墨子以天爲本，伸張了上天的地位和權威。孔子斷言：「巍巍乎！唯天爲大。」（《論語・泰伯》）孔子一再告誡人們對決定其生死壽夭的上天要敬畏，並虔誠地進行祭祀。即使主張天時不如地利、地利不如人和的孟子，也呼籲人祭祀上天。墨子宣稱：「天之行廣而無私，其施厚而不德，其明久而不衰。」（《墨子・法儀》）上天的這些美德和品質使其成爲宇宙間最高貴、最智慧的存在，人們的一切行爲「莫若法天」；天有意志和好惡，人們不僅要爲天之所欲、不爲天所不欲，而且包括天子在內都要「齋戒沐浴，潔爲酒醴粢盛，以祭祀天」（《墨子・天志中》）。孔子、孟子和墨子的言論使天具有了某種宗教意蘊，儼然成了一尊人格之神。這些觀點既符合中國人的心理傳統，又滿足了人的感情需要，並且彌補了出世宗教的欠缺。這或許是儒學和墨學在先秦時期的諸子百家中能夠出類拔萃、進而成爲「顯學」的原因吧！

與儒家、墨家崇奉、祭祀的天相比，在先秦哲學中與天分庭抗禮的道既缺乏心理傳統和宗教基礎，又恍惚寂廖、若有若無。儘管道比天更富形而上學色彩，卻終歸難以被普羅大眾爲主體的大多數中國人所接受，進而成爲世俗文化的主流。因此，在與諸子百家的抗衡中，推崇道的道家和法家沒有進入「顯學」行列。

有人說，東周時期是中國歷史上最酷烈、最黑暗的一頁，臣弒君、子殺父之類的事件屢屢發生，致使西周之禮遭受致命打擊。與此同時，法先王和復古情結更讓人感到今非昔比。面對群雄逐鹿的混亂不堪，愛對於禮崩樂壞、人心不古不啻爲一種心理安慰和理論補償。正因爲如此，儘管用道德手段治理國家和以愛處理人際關係不如法家的法治主張來得直接實惠、收效明顯，然而，愛的主張和以愛爲核心的德治、仁政表面上並不被統治者所拒絕。這一點在孔子、孟子周遊列國的遭遇中得到了絕好的說明。各諸侯國的國君在骨子裏不想採納儒家以道德手段治理國家的主張，卻在表面上表示歡迎，孟子還被「加齊之卿相」（《孟子・公孫丑上》）。這從一個側面表明，愛的呼籲和主張在先秦時期具有一定的現實土壤，迎合了統治者的某些需要。例如，春秋戰國時期的各國戰爭是軍事和經濟實力的角逐，背後隱藏的則是人才的爭奪。對於亟需收買人心、籠絡人才的各個諸侯國來說，不好斷然拒絕儒家、墨家對愛的呼喚。此外，墨家的主張如嚮往和平、改善人際關係等也反映了平民百姓的心聲，因而擁有更爲廣泛的大眾基礎。循著這個邏輯，爲愛奔走呼號的儒家和墨家成爲「顯學」也就是順理成章的事了。

二、不同點解釋了儒墨歷史命運的迥然懸殊

一方面，儒家和墨家思想有相同之處，這一點通過與道家、法家的比較可以看得更加清楚。另一方面，儒家與墨家的思想存在著不容忽視的差異和對立。正是這些差異和對立，使儒家和墨家之間的理論官司在先秦時期從未間斷。墨子的許多言論如天志、明鬼、兼愛、尙賢、非命、節用、節葬、非樂等都是針對孔子的觀點有感而發的，甚至可以說是與後者針鋒相對的。不僅如此，墨子還直接作《非儒》上下篇，歷陳儒學之弊。以其人之道還治其人之身，身爲儒家的孟子指責墨子的兼愛主張是禽獸邏輯，措辭可謂激烈之至。荀子即使接納法家也不能容忍墨家，對墨家的譴責、批判可謂連篇累牘。

墨子的這段話概括了儒家與墨家的理論分歧：

> 儒之道足以喪天下者，四政焉。儒以天爲不明，以鬼爲不神：天鬼不說，此足以喪天下。又厚葬久喪，重爲棺槨，多爲衣衾，送死若徙，三年哭泣，扶後起，杖後行，耳無聞，目無見，此足以喪天下。又絃歌鼓舞，習爲聲樂，此足以喪天下。又以命爲有，貧富壽夭、治亂安危有極矣，不可損益也。爲上者行之，不必聽治矣；爲下者行之，必不從事矣。此足以喪天下。（《墨子・公孟》）

這段議論出自《墨子》的《公孟》篇，將儒家與墨家的分歧概括爲四個要點：第一，以孔子爲代表的儒家所講的天是冥冥之天，墨子所講的天則是意志之天。第二，孔子代表的儒家主張厚葬，墨子主張節葬。第三，儒家推崇禮樂教化，墨子主張非樂。第四，儒家將人的生死壽夭和社會治亂皆歸於命，墨子旗幟鮮明地吶喊「非命」。其中，第一點是本體哲學之辨，第二點和

第三點再現了儒家道德主義與墨家功利主義的對立，第四點折射出儒家的等級觀念與墨家平等思想的不同。墨子對儒家弊端的揭露基本上對應著儒家與墨家思想的差異。正是這些差異和對立決定了兩家在秦後的歷史變遷中的懸殊命運。

其實，作爲儒家思想核心的仁愛與墨家的兼愛不僅濃縮了儒家與墨家思想的差異和對立，而且生動地展示了兩家懸殊命運的眞正原因。

1.根深蒂固的宗法等級觀念

中國古代是以血緣關係爲紐帶建立起來的宗法社會，自然親情和人倫綱常被視如神聖。與此同時，中國是聞名於世的「禮儀之邦」，禮在中國人的政治生活和日常生活中佔有舉足輕重的地位。從思想內涵和社會功效來看，禮在中國古代社會集道德與法律爲一身，是國家、百姓必須遵守的基本綱領和行爲規範。眾所周知，中國古代社會之禮，最基本的特徵和功能就是分別。在這方面，儒家關於「禮之用，和爲貴」（《論語・學而》）的說法以及「愛有差等」的原則可以爲宗法等級辯護，因而得到歷代統治者的青睞——儒學在漢代和南宋之後兩次被奉爲官方哲學便是明證。

與此不同，墨子的兼愛要求視人之國、之家乃至之身若視其國、其家和其身，這淡化了人、己之別，甚至剝奪了吾之父優於人之父的特權。更有甚者，兼愛中流露的天與人、上與下的平等、互惠和互利原則衝擊了在上者的利益。正因爲如此，孟子抨擊墨子的兼愛思想是禽獸邏輯，君和父是兼愛最直接的「受害者」。正是在這個意義上，孟子抨擊說：「墨氏兼愛，是無父也。無父無君，是禽獸也。」（《孟子・滕文公下》）孟子的看法在某種程度上代表了中國人的大眾心理，也從一個側面揭示了統治者不喜歡墨家的深層原因。至此，儒家與墨家一傳一絕的不同命運也就在情理之中了。

2.注重道德完善、漠視物質需求的義利觀

中國人的義利之辨由來已久、根深蒂固。辨，指分別。義利之辨強調義——道德完善和精神追求與利——物質利益和生理需要的區別乃至對立。面對義與利的這種涇渭分明、不容混淆，中國的主流意識形態始終是熱衷於義而恥於言利。這顯然與儒家的思想更爲契合。

上述內容顯示，孔子、孟子與墨子所講的愛具有道德主義與功利主義之別，這在仁愛與兼愛的理論初衷、思想內涵、操作方式和社會效果等各個方面均有反映。孟子宣稱：「王何必曰利？亦有仁義而已矣！」（《孟子・梁惠王上》）與孟子標榜仁義相反，墨子公然宣布「興天下之利」。孟子的「何必曰利」符合中國人恥於言利的大眾心理和價值取向，爲歷代統治者所提倡。墨子的尚利傾向卻爲中國人所不恥，至少在表面上如此標榜。儒家與墨家不同的歷史命運可以在各自思想對中國人心理傾向和價值評判的一迎合、一逆忤中得到解釋和說明。

3.輕視自然科學的價值取向

大致說來，人文科學滿足人的精神需要，自然科學滿足人的物質需要。與義利之辨相對應，中國人歷來對自然科學以及相關的科學技術採取避之而惟恐不及的態度。於是，修身、齊家、治國、平天下的道德修養和政治學說被奉爲「大學」，意即高深、高等的學問；與之對應的小學是文字學、音韻學和訓詁學。一目了然，無論高等的還是低級的學問之中都沒有自然科學的位置，自然科學以及與之相關的科學技術根本不在學問之列！

孔子、孟子所講的仁愛涵蓋了哲學、倫理、政治等人文科學的方方面面，惟獨沒有自然科學方面的內容。墨子所講的兼愛不僅具有哲學和政治內涵，而且包括自然科學和工藝技術等內容。技術是達到利益的手段——在這一點上，科學技術與墨子所講的兼愛異曲同工——價值是一樣的。例如，爲了兼愛，必須非攻；爲了非攻，墨子研製了備城門、備高臨、備梯、備水、備突和備蛾傅等技術、技藝和設備。這些科學技術和設施不再是冰冷的器械，而是由於與兼愛的密不可分而有了愛的溫度。除此之外，墨子的思想體系中還有一些自然科學方面的內容，如力學、物理學、光學、天文學和地理學等。工藝技巧在中國古代被貶爲雕蟲小技，熱衷於自然科學被視爲玩物喪志和不務正業，甚至被排斥在作爲正途的科舉考試的內容之外。由此不難看出，蔑視與崇尚自然科學與儒家、墨家之間一榮一辱的歷史命運具有某種因果關係和內在聯繫。

總而言之，如果說以天爲本和愛的呼喚是儒家和墨家在先秦成爲「顯學」的共同原因的話，那麼，儒家與墨家之天、愛的意蘊內涵和社會效果的迥然相異則是兩家歷史命運相差懸殊的根本原因。具體地說，正如維護宗法等級制度、追求道德完善和輕視自然科學是儒家顯赫地位的理論基石一樣，兼愛平等、利益追逐和濃厚的自然科學情結及工藝技巧之長則是拉開墨家與儒家的學術地位之距離乃至使墨學最終淪爲絕學的主要原因。

第二十章　孔子與孟子思想比較

儒學擁有不同於道家、墨家、法家的思想內容和鮮明特徵，這些通過儒家人物的思想具體展示出來。作爲儒家思想的致思方向和價值旨趣的體現，儒家人物的思想之間具有不容否認的相似性和相同性。孔子與孟子常常被後人合稱並提爲「孔孟」，兩人的學說即所謂的「孔孟之道」。「孔孟之道」一詞側重孔子、孟子思想的相同、相合之處，而淡化乃至迴避了其間的差異和不同之處。其實，孔子與孟子的思想既有相同的一面，又有相異的一面。這一點，通過對兩人思想的比較可以看得更加清楚、明白。

第一節　「死生有命」與「天視自我民視」

天對於儒學至關重要，從儒學創始人——孔子開始，天便成爲舉足輕重的概念。與老子、莊子代表的道家和韓非代表的法家用道建築哲學大廈不同，孔子和孟子在天那裡找到了人安身立命的最後依託。

天在孔子那裡有世界萬物的本原之義。孔子斷言：「天何言哉？四時行焉，百物生焉。天何言哉？」（《論語・陽貨》）言外之意是，天主宰著四時的運行和萬物的生長，是宇宙萬物的本原和主宰。天的主宰作用不是用言語命令完成的，一切都在自然而必然之中。值得注意的是，不尙虛談的孔子在講天時，並不關注天的本體狀態和形上屬性，而是始終從天與人的命運之間的關係入手談論天。因此，在孔子那裡，天本論是以天命論的形式表述出來的，天命論成爲孔子本體哲學的主要內容。

孔子恪守天命論，信奉天對人吉凶禍福的決定和安排。因此，他把人的生死、壽夭、貧富和貴賤均視爲上天事先安排好的命中注定，把人的道德稟賦、家庭組成、遇與不遇歸結爲天命。不僅如此，孔子遇事總要拿上天做解釋，天也成爲他詛咒發誓的終極憑證——對於這一點，在見南子周面對子路的不悅，孔子的辯解便是明證。

這樣一來，在對待天的態度上，孔子的做法便呈現出極大張力：一方面，孔子罕言天之狀態，正如孔子的親炙弟子——曾子所言：「夫子言性與天命，不可得而聞。」（《論語・公冶長》）另一方面，孔子斷言人命天定，強調「不知命，無以爲君子也」（《論語・堯曰》）。並且，孔子一面視天爲不言不語、自然隨機之物，一面又設想天關注人類、命人以命。孔子的論證旨在強調，上天與其賦予的人命究竟有何必然聯繫？只能說天決定人命，天對人命的注定在自然隨機之中，完全出於無意之偶然。這樣一來，在上天面前，就人既定的命運而言，人是完全消極、被動的受體。天命中沒有任何人意因素，其包含的唯一成分就是天意——如果這個冥冥之中的上天還有意志的話。

孟子認爲，人的一切行爲和命運都有一個主宰在操縱，這個神秘主宰就是天命。他指出：「莫之爲而爲者，天也；莫之致而至者，命也。」（《孟子・萬章上》）這就是說，沒有人叫它這樣做，而竟然這樣做了的，是天意；沒有人叫它來，而竟然這樣來的，是命運。對於人來說，天命就是一種無法預知的外在力量。

據《孟子・梁惠王下》篇記載，有一次魯平公準備外出拜訪孟子。魯平公的寵臣——臧倉挑撥說：「您爲什麼不尊重自己的身份，而先去拜訪一個普通人呢？您以爲孟子是賢德的，賢德之人的行爲應該合乎禮義。可孟子未必是賢德之人。您還是不要去看他吧！」魯平公說：「好吧！」於是，魯平公放棄了拜訪孟子的念頭。樂正子把這件事告訴了孟子。對此，孟子解釋說：「行，或使之；止，或尼之。行止，非人所能也。吾之不遇魯侯，天也。臧倉之子焉能使予不遇哉？」（《孟子・梁惠王下》）在孟子看來，一個人去幹什麼或不幹什麼都不是單憑自己的力量可以做得到的，一切都是天意使然。自己之所以不能與魯君相遇，這是天意，並非臧倉三言兩語的挑撥離間所能改變的。

到此爲止，孟子把天命視爲一種外在於人的、人既無法干預又受制於它的異己力量，與孔子對天命的理解別無二致。接下來的內容顯示，與孔子不同的是，在許多場合，孟子把人爲的力量與天命相提並論，用人和天的雙重因素來論證政權的更替和勝敗得失。例如，相傳遠古之時，堯感到自己老了，便把王位禪讓給舜，而沒世襲給自己的兒子丹朱。對此，孟子的弟子萬章請教說：聽說堯把天下給了舜，有這回事嗎？孟子回答說：沒有這回事，因爲天子不能把天下傳給別人。萬章問道：那麼，舜有天下，是誰給他的呢？孟子回答說：是天給他的。萬章又問：是天反覆叮嚀告誡他的嗎？孟子回答說：不是的。天不能說話，只是拿行動和工作來表達罷了。他進一步解釋說，天子能向天推薦人，卻不能強迫天把天下給他。堯將舜推薦給了天，叫舜主持祭祀，所有的神明都來享用，這表明天接受了；堯又把舜公開介紹給老百姓，叫他主持工作。工作搞得很好，老百姓很滿意，這表明老百姓接受了。舜幫助堯治理天下共 28 年，這不是某一個人的意志能夠做得到的，這是天意。堯死了，三年之喪期滿後，舜爲了使丹朱繼承王位，自己逃到了南河的南邊。可是，天下的諸侯不到丹朱而到舜那裡去朝見天子，打官司的人不到丹朱而到舜那裡去，歌頌的人不歌頌丹朱而歌頌舜。這樣，舜才回到了朝廷。這表明，舜有天下，是天授予的，也是人授予的。最後，孟子引用《尚書・泰誓》中的詩曰「天視自我民視，天聽自我民聽」，借此在天命中加入了民意的內容。

更有甚者，在某些場合，孟子把人心的向背和人爲的努力視爲決定勝負的關鍵力量，得出了「天時不如地利，地利不如人和」（《孟子・公孫丑上》）的結論。在他看來，個人的榮辱、家世的成毀、國家的安危都取決於人自身，是自身行爲的結果。在這個意義上，孟子斷言：「夫人必自侮，然後人侮之；家必自毀，而後人毀之；國必自伐，而後人伐之。」（《孟子・離婁上》）

第二節　「唯上智與下愚不移」與「萬物皆備於我」

認識哲學的全部問題都可以還原爲能不能認識和如何認識的問題。對於人的認識能力和認識方法，孔子、孟子如是說……

一、能否認識——關於人的認識能力

一方面，孔子斷言人的認識能力生來平等，一切差別都是後天形成的「性相近也，習相遠也。」（《論語・陽貨》）這表明，在對人的認識能力的認定上，孔子從人性哲學的角度否認了先天的君子與小人之別，宣稱人人具有相同的認識能力。另一方面，孔子相信人生來就有上智與下愚之分，這種差異是人後天的努力無法改變的。這用他本人的話說便是：「唯上智與下愚不移。」（《論語・陽貨》）不僅如此，孔子還按照認識能力的不同，把人分爲四個等級，聲

稱「生而知之者上也，學而知之者次也，困而學之，又其次也；困而不學，民斯爲下矣。」（《論語・季氏》）在他看來，生而知之者具有上等的智慧，不用學習便可通曉天下所有的道理；下等的愚魯之人遇到困惑也不肯學習，永遠擺脫不了愚昧的狀況。這就是說，按著孔子的邏輯，上等人的智慧是上天的恩賜，這種先天的優勢後天無法改變；同樣，下等人的先天不足無望在後天有所改變，只能永遠生活在下賤的困擾和陰影之下。

在此基礎上，孔子強調，生而知之者只是極少數人，自稱「吾非生而知之者，好古敏以求之者也」（《論語・述而》）。對於大多數人而言，都是學而知之和困而學之的中等人。有鑑於此，他重視後天的學習，主張「多聞闕疑」、「擇其善者而從之」，企圖通過後天的學習豐富知識，提高道德修養。這肯定了一般人具有認識和學習的能力。不僅如此，孔子在因材施教的過程中善於根據學生不同的認識和理解能力教以不同內容。正如他自己所說：「中人以上，可以語上也；中人以下，不可以語上也。」（《論語・雍也》）按照這個邏輯，具有中等以上智慧的人，可以教給他高深的學問；具有中等以下智慧的人，不能教給他高深的學問。誠然，智高教低，味如嚼蠟，是對人才的浪費；智低教高，不知所云，是對時間和知識的浪費。從這個意義上說，因材施教本身具有積極意義，是值得提倡的教學方法。儘管如此，就人的認識能力和權利而言，如果智低者只能學低級的知識，反過來，低等的知識又使智力低下者永遠在低智中徘徊。這種惡性循環在拒絕對魯愚之人進行高深學問教育的同時，是不是也否定了有些人具有的認識能力和理解能力、部分地剝奪了他們受教育的權利？這與「下愚不移」一樣否定了一些人的認識能力和權利。進而言之，對這部分人的認識能力的否定與上智不移一起從認識哲學和人性哲學的高度加固了人與人之間的不平等，其實是本體哲學領域上天賦予人不同命運的觀點在人的認識能力方面的具體反映。

孟子宣稱：「人之所不學而能者，其良能也；所不慮而知者，其良知也。」（《孟子・盡心上》）這就是說，人生來就有認識本能，這種認識本能人人皆有，是一種與生俱來的先天良知。作爲先驗之知，良知無所不知、無所不包，涵蓋宇宙間的一切道理。因此，憑此良知，人便可分辨一切是非、眞僞和曲直。正是在良知是人的先天本能，人人皆有、聖凡同具，與生俱來的前提下，他進而指出，只要保養這種先天的良知、良能不使喪失，並在養心、盡心和存心中使之得以充分顯露和發揮，「人皆可以爲堯舜」。這從可能性的角度論證了人都具有認識能力，同時肯定了這種認識能力的人人平等。

二、如何認識——人對天命的認識和對待

在孔子那裡，從主體的認識能力來看，對於智商平平、不可語上的一般人而言，知天命已屬奢望。從認識客體——天的存在狀態來看，天之不言神秘、隨機莫測更是堵塞了人窺視天機的途徑。因此，儘管孔子說過「不知命，無以爲君子」（《論語・堯曰》）之類的話，並自述「五十而知天命」，給人一種天命可知的印象，然而，孔子所講的「知天命」不僅耗時甚久、勞神甚巨，而且從他整個思想和上下文的語意來看，不是弄懂、洞徹天命眞諦之意，而是指知道了人的一切生死、貴賤最終都由上天操縱，人對之無可奈何。至於上天根據什麼法則安排每個人的命運、人與人之間命運不同的最終原因是什麼，恐怕還是不得而知。

基於對天命的這種理解，在待命的方法上，孔子以「畏」爲主，把「畏天命」視爲君子的「三畏」之首。不僅如此，他還主張用祭和禱等手段與鬼神、上天溝通，用後天的恭敬、審愼和安貧樂道來承受命運。

孟子所講的「萬物皆備於我」（《孟子・告子上》）便是人知性、知命、知天的狀態。進而言之，人之所以可以知命、知天，是因爲人生來就有良知、良能，並且「心之官則思，思則得之」（《孟子・告子上》）。在他看來，心具有思維功能，人通過充分擴大和發揮心的作用，便可把握萬物之理，知曉人性天命。對此，孟子解釋說，心與耳目之官不同，耳目等感覺器官不會思維，往往被外物蒙蔽而誤入歧途；心具有思維本能，通過思考可以通曉萬物之理。因此，通過充分擴張心的作用，人便可以獲取認識上的絕對自由，達到知性、知天進而事天、立命的境界。於是，孟子宣稱：「盡其心者，知其性也。知其性，則知天矣。存其心，養其性，所以事天也。殀壽不貳，修身以俟之，所以立命也。」（《孟子・盡心上》）在此，孟子不僅主張天命可知，而且以知天命爲基礎，提出了安身立命之方。

爲了更好地安身立命，孟子告誡人們一切順應天命以接受正命。他斷言：「莫非命也，順受其正；是故知命者，不立乎岩牆之下。盡其道而死者，正命也；桎梏而死者，非正命也。」（《孟子・盡心上》）這表明，死亡有兩種類型：一種是盡力行道而死，這種人所受的是正命；一種是犯罪而死，這種人所受的不是正命。因此，懂得命運眞諦的人不會站在將要傾倒的牆壁之下，

而是順理而行、接受正命。爲了迎接正命，孟子宣導人們居天下之安宅（仁）、行天下之正路（義），做充滿浩然正氣的大丈夫。

第三節　「性相近」與「道性善」

關於人性，《論語》留下了一句「子曰：『性相近也，習相遠也。』」（《論語・陽貨》）在此，孔子對人性先天的善惡不加理會，強調的是後天作爲和修養造就的君子與小人之別。在他看來，從本性上說，人與人之間的差別並不大，是後天的因素拉大了彼此之間的距離。那麼，歸根到底，在本性上、在人性之初，人究竟近於什麼——是同於善還是同流合污？孔子並沒有定論。這種避而不談不禁使人想起了他在本體哲學上相信天命與遠敬鬼神的矛盾。在中國傳統哲學中，天命與鬼神具有某種內在聯繫，這正如「天志」、「明鬼」與「非命」構成了墨子本體哲學的三位一體一樣。可是，孔子一面相信天命爲有，一面淡漠鬼神。這除了理論上的困惑和迷惘之外，最主要的是出於道德方面的考慮。在孔子看來，如果認定人死後有知，可能導致孝子賢孫棄生而送死；如果認定人死後無知，可能導致不孝子孫遍棄死者、不予埋葬。無論哪種問答都不利於人的現實生活，最後只得對鬼神存而不論。循著這個邏輯，認定人性本善，便淡漠了後天學習的重要性；斷言人性爲惡，便杜絕了從善的可能性。所以，思前想後，只得語焉不詳。

此外，《論語》有云：「子不語怪、力、亂、神。」（《論語・述而》）孔子堅持「毋我」原則，不談論高遠虛玄、渺不可聞之事。根據孔子的一貫作風，對於有傷道德禮義的事，不僅不去做，而且連看也不看、說也不說——力、亂屬於此；對於沒有事實根據的事，也不屑去評說——怪便屬於此，性與命也在其列。所以，孔子不加妄斷。這與孔子講究事實依據、反對道聽途說的做法是相通的。孔子把道聽途說的無稽之談視爲與道德相悖的壞毛病，指出「道聽而途說，德之棄也」（《論語・陽貨》）。

孟子對人性的本質進行了界定，闡釋了人性的內容，還從先天的人性與後天的行爲修養和社會環境的關係入手說明了人性的失與養。

孟子不僅最早建構了完備的人性理論，而且是性善說的首創者。《孟子》曰：「孟子道性善，言必稱堯舜。」（《孟子・滕文公上》）具體地說，孟子之所以斷言人性善，是因爲他認爲人生來就有「四心」（即不忍人之心——又稱惻隱之心、羞惡之心、辭讓之心——又稱恭敬之心和是非之心），「四心」是仁、義、禮、智的萌芽，其與生俱來說明人心都悅理義、良知爲人性所固有。同時，孟子強調，儘管心與身都是人與生俱來的，然而，耳目口鼻四肢以及由此產生的寒而欲暖、饑而欲食等並非人的本質屬性，憑此不能把人與禽獸區別開來。他指出：「人之有道也，飽食、暖衣、逸居而無教，則近於禽獸。」（《孟子・滕文公上》）只有「四心」才是人的本質屬性，正是它們使人眞正脫離動物界而成爲天地之間最高貴的存在，並且促成了人群之中君子與小人之別。於是，孟子一再宣稱：

> 人之所以異於禽獸者幾希，庶民去之，君子存之。舜明於庶物，察於人倫，由仁義行，非行仁義也。（《孟子・離婁下》）
>
> 君子所以異於人者，以其存心也。君子以仁存心，以禮存心。（《孟子・離婁下》）

基於上述認識，孟子斷言：「從其大體爲大人，從其小體爲小人。」（《孟子・告子上》）這表明，孟子所講的性善是就人的社會屬性而言的，具體內容就是「四心」即仁、義、禮、智。正是基於對人性本善的認定，孟子督促人養心、存心和盡心，以保持善良本性常駐不失。

同時，孟子注意到了後天環境對人性的改變和影響。他舉例論證說，要想讓某人學習齊國話，請一個齊國人教他，眾多的楚國人在旁邊干擾。這樣，雖然每天拿著鞭子打他，他也學不會齊國話；如果把這個人帶到齊國住上幾年，你再拿著鞭子讓他說楚國話也不可能。再如，豐收之年，弟子多半懶惰；災荒之年，弟子多半暴亂。造成這種差別的原因並非不同年頭生下來的孩子天然資質不同，而是後天的環境改變了人的心性。懶惰和暴亂之行的產生並不是因爲人性天然如此，而是因爲本性喪失的緣故。孟子又以「牛山之木」爲例說，牛山曾經鬱鬱蔥蔥、茂盛俊美，由於位於繁華人多的大國之郊，人們總用斧斤去砍伐它。儘管樹木在雨露的滋潤下日夜生長，時時萌發新的幼芽，然而，由於牛羊的踐踏和啃食，牛山最終還是變成了濯濯的不毛之地。人們看到牛山光禿禿的寸草不生，還以爲牛山本性如此、從來沒有長過樹木呢。其實，這哪是牛山的本來面目呢？牛山之木如此，人性也是這樣。人之所以會犯上作亂、行爲暴戾，並非本性如此，而是後天的環境使然——是後天的環境使人原本善良的本性喪失的緣故。循著這個邏輯，孟子呼籲，人要使善良的本性在心中永駐，不僅要存心、養心，而且還必須「求放心」——

把丟掉的善良本性找回來。

孟子進而指出，「求放心」的根本途徑是「寡欲」——保養人性最好的辦法就是減少欲望。他斷言：「養心莫善於寡欲。其爲人也寡欲，雖有不存焉，寡矣；其爲人也多欲，雖有存焉，寡矣。」（《孟子・盡心下》）孟子認爲，要眞正做到寡欲，不爲物利而忘掉理義，就必須「養吾浩然之氣」，用「志」來主宰身體，使耳、目、口、鼻不爲物慾所引，從而達到「窮不失義，達不離道」、「窮則獨善其身，達則兼善天下」（《孟子・盡心上》）的道德自覺，居天下之仁、立天下之禮、行天下之義，始終如一、堅貞不屈，「富貴不能淫，貧賤不能移，威武不能屈」（《孟子・滕文公下》）。這樣一來，人便可以日夜與仁義爲伴，使善良之性不爲外物所奪，從而達到養心、盡性的目的了。

第四節　「爲政以德」與「行不忍人之政」

在政治哲學領域，孔子主張德治，反對一味地懲罰和刑殺。他認爲，刑罰可以使老百姓免於犯罪，卻不能從根本上解決問題。與刑罰不同，道德可以通過內在力量進行自我約束，不僅使人具有羞恥心，而且行動起來規規矩矩。於是，孔子說：「道之以政，齊之以刑，民免而無恥；道之以德，齊之以禮，有恥且格。」（《論語・爲政》）基於這種認識，他呼籲統治者實行德治：「爲政以德，譬如北辰，居其所眾星共之。」（《論語・爲政》）憑藉道德來治理國家，像北極星一般安靜地居於一定的位置，所有別的星辰都環繞著自己。這句話的意思是說，統治者以德治國，便可以使人心悅誠服，得到老百姓的擁護和愛戴。一次，魯哀公的正卿季康子向孔子請教政治。季康子問：「殺無道，以就有道，何如？」孔子對曰：「子爲政，焉用殺？子欲善而民善矣。君子之德風，小人之德草。草上之風，必偃。」（《論語・顏淵》）孔子的回答意思是說，只要您想把國家搞好，老百姓自然會好起來。這是因爲，統治者的作風好比是風，老百姓的作風好比是草。風向哪邊吹，草自然向哪邊倒。例如，「臨之以莊，則敬；孝慈，則忠；舉善而教不能，則勸。」（《論語・爲政》）在他看來，統治者對待老百姓的事情嚴肅認眞，老百姓對他的命令也會嚴肅認眞；統治者帶頭孝敬父母、慈愛幼小，老百姓就會對他盡心竭力；統治者帶頭重用有才能的人，教導沒有才能的人，老百姓就會相互勉勵。如此說來，憑藉仁、義、禮、智、信等道德足以治理好國家，還用什麼刑罰和殺戮呢？

必須指出的是，孔子主張以道德來治理國家，並不完全否認法律的作用。孔子曾說：「君子懷刑，小人懷惠。」（《論語・里仁》）君子心中時刻懷念法度，只有小人才總是想著恩惠。然而，統治者治理國家，對於道德和法律兩種手段只能是道德爲主、法律爲輔。

進而言之，孔子用道德力量統治國家的具體做法，除了「使民以時」、輕徵薄斂等經濟措施之外，主要是實行禮樂教化。其中，最重要一條就是統治者以身作則的道德表率作用。對於什麼是政治，孔子解釋說：「政者，正也。子帥以正，孰敢不正？」（《論語・顏淵》）意思是說，所謂的政治，其實就是端正自己。如果統治者率先端正了自己，那麼，老百姓誰還敢不端正自己呢？對於統治者來說，「其身正，不令而行；其身不正，雖令不從。」（《論語・子路》）統治者端正了自身的思想和行爲，不用發號施令，事情也行得通；如果統治者自身不正，雖然三令五申，老百姓也不會信從。於是，孔子得出了這樣的結論：

> 上好禮，則民莫敢不敬；上好義，則民莫敢不服；上好信，則民莫敢不用情。（《論語・子路》）
>
> 苟正其身矣，於從政乎何有？不能正其身，如正人何？（《論語・子路》）

這就是說，統治者是否能自正其身是能否治理好國家的關鍵。如果統治者帶頭端正了自己的行爲，那麼，上行下效，治理好老百姓便沒有困難；如果當權者連自己都端正不了的話，那麼，還談什麼端正別人呢？這便是「爲政以德」的根本所在。

孟子從人皆有不忍人之心出發，推出了不忍人之政。他說：「人皆有不忍人之心。先王有不忍人之心，斯有不忍人之政矣。以不忍人之心，行不忍人之政，治天下可運於掌上。」（《孟子・公孫丑上》）「不忍人之政」又稱「仁政」，是孟子追求的理想制度，也是他的政治思想的核心。具體地說，仁政包括以下幾個方面：

1.井田制和經濟保護措施

孟子指出，沒有固定的產業和收入卻堅守一定的道德觀念和行爲準則，只有士才能做到。對於一般老百姓來說，無恆產則無恒心。無恒心，便會胡作非爲、違法亂紀。等老百姓犯了罪再去處罰他們，那等於陷害。因此，英明的君主治理國家先要規定人們的產業，使他們擁有一定的恆產。孟子進而指出，使民有恆產的最好辦法是實行井田制，因此，實行仁政要以劃分井田爲開端：「夫仁政，必自經界始。……經界既正，分田制祿可坐而定也。」（《孟子・滕文公上》）在他看來，實行井田制的具體辦法是：每一方里的土地爲一塊井田，每一井田有 900 畝。當中，100 畝爲公田，以外 800 畝分給 8 家作私田。這 8 家共同耕種公田，先把公田耕種完畢，再來料理私人的事務。關於賦稅，郊野用 9 分抽 1 的助法，城市用 10 分抽 1 的貢法。公卿以下的官員分給供祭祀的圭田，每家 50 畝；如果還有剩餘的勞力，每個勞力再分給 25 畝。這樣一來，無論是埋葬或者搬家都不離開本鄉本土。共同耕作同一井田的各家各戶平日出入相互友愛，防禦敵人或盜賊相互幫助，有了疾病相互照顧。這樣一來，老百姓之間便親愛和睦了。（詳見（《孟子・滕文公上》）

與此同時，孟子強調，實行仁政必須採取經濟保護政策。這些措施主要有：減少稅收，輕徵薄斂以減輕老百姓的經濟負擔；讓老百姓有時間深耕細作、早日除草，以保證不違農時、使收穫的穀物吃不了；規定太細的網（即「數罟」——古代 4 寸即現在 92 釐米也就是說 2 寸 7 分 6 釐以下的網叫密網）不得入池捕魚，這樣才能保護魚苗，使魚吃不完；規定以時入山林，使樹木用之不竭。

孟子認爲，實行了井田制、并採取了經濟保護措施之後，老百姓的生活基本上就有了保障：「仰足以事父母，俯足以蓄妻子，樂歲終身飽，凶年免於死亡。」（《孟子・梁惠王上》）老百姓生活上有了保障之後，再驅之向善也就容易了。

2.「或勞心或勞力」的社會分工和秩序

孟子指出，每個人的生活都需要各種工匠的成品。如果從耕種到紡織再到製造機械等每件事都由自己一個人來做，就會疲於奔命，這是行不通的。因此，對於一個社會來說，既有官員的管理工作，又有人民的勞動工作。有的人從事腦力勞動，有的人從事體力勞動。從事腦力勞動的人統治別人，從事體力勞動的人受人統治；受人統治的人養活別人，統治別人的人靠人養活，這是天經地義的。有鑑於此，孟子強調，實行仁政必須有良好的社會分工。只有盡行「或勞心，或勞力」的社會分工，才能使統治者有閑暇時間做管理工作、公益事業和教化百姓，才能使人民不僅豐衣足食，而且民風淳厚。

3.以德服人、保民而王

孟子具有民本意識，實行仁政的一個重要方面就是對人民給予一定的同情和關照。他不止一次地宣稱：

> 民爲貴，社稷次之，君爲輕。（《孟子・盡心下》）
>
> 天下之本在國，國之本在家，家之本在身。（《孟子・離婁上》）

這就是說，對於一個國家來說，最寶貴的是人民。只有得到人民的理解和支持，才能保全社稷和天下。在這個意義上，孟子又說：「保民而王，莫之能禦也。」（《孟子・梁惠王上》）基於對人民的同情和統治的需要，孟子告誡統治者，治理國家的根本和關鍵在於安民保民。進而言之，安民保民的具體措施是有二：第一，省刑罰，以德服人。孟子認爲，治理國家的主要手段是禮樂教化，只要統治者帶頭行仁義，便可安保四海。於是，他說：「老吾老，以及人之老；幼吾幼，以及人之幼。天下可運於掌。……故推恩足以保四海。」（《孟子・梁惠王上》）基於這種認識，孟子要求統治者「貴德而尊士，賢者在位，能者在職；國有閑暇，及是時，明其政刑」。同時，統治者還必須以德服人，而不應該仗勢欺人。這是因爲，「以力服人者，非心服也，力不贍也；以德服人者，中心悅而誠服也。」（《孟子・公孫丑上》）因此，孟子宣稱：「天下有道，小德役大德，小賢役大賢；天下無道，小役大，弱役強。斯二者，天也。順天者存，逆天者亡」（《孟子・離婁上》）。第二，實行禮樂教化。孟子設想，在老百姓有了衣食保障之後，辦理各種學校，反覆講述孝悌忠信之道，使之「入以事其父兄，出以事其長上」（《孟子・梁惠王上》）。在此，孟子特別強調禮樂教化和教育的重要性，他寫道：「善政不如善教之得民也。善政，民畏之；善教，民愛之。善政得民財，善教得民心。」（《孟子・盡心上》）這就是說，統治者只有善於教化，才能深得人心；只有深得人心，才能稱王於天下。

總之，在孟子看來，只要統治者實行仁政，天下的人便會不召自來，於是稱王於天下易如反掌。他斷言：「今王發政施仁，使天下仕者皆欲立於王之朝，耕者皆欲耕於王之野，商賈皆欲藏於王之市，行旅皆欲出於王之塗，天下之欲疾其君者皆欲赴愬於王。」（《孟子・梁惠王上》）

第五節　孔孟之道意指什麼

通過孔子、孟子思想的比較可以看出：在本體哲學領域，孔子、孟子疏於純粹的形而上學的建構，兩人的本體哲學主要是通過對天和天命的闡釋而展開的。正如以道為本原使老子、莊子和韓非的本體哲學富有形上意味一樣，以天為本使孔子、孟子的本體哲學滑向頗具形下色彩的人生哲學和道德哲學。一方面，與老子把道描繪得「玄之又玄」、「惚兮恍兮」不同，孔子、孟子所講的天儘管有虛無縹緲的成分，然而卻始終與人生密切相關。孔子和孟子都把人的命運寄託於天，表現了對天的極大尊崇。這使兩人在本體哲學的建構上與效法自然之道的老子、莊子和韓非相去甚遠，卻拉近了與墨子的距離。另一方面，孟子的天命論在繼承孔子的基礎上又有新的拓展和發揮——在強調人命天定的同時，給人為的進取和努力留下了用武之地。孟子的這一做法使孔子與孟子的本體哲學顯示了不容忽視的差異性：如果說孔子之天儼然一尊不可洩露的神秘之神的話，那麼，孟子之天則加入了人意之氣息；如果說天命論是孔子本體哲學的唯一內容的話，那麼，孟子的本體哲學則是天命論和人命論的綜合；如果說天命論推崇的天是不以人的意志為轉移的絕對的異己力量的話，那麼，天命人命論所膜拜的天似乎在傾聽和理解人的呼聲，天意中融匯了某種人的主觀精神之暗流。這些差異在證明孔子與孟子所宣揚的天尤其是上天對人的命運的決定不可同日而語的同時，劃定了兩個不同的哲學陣營：孔子始終堅持客觀唯心論，孟子則由客觀唯心論向主觀唯心論傾斜。

孔子、孟子對天的本體建構直接影響到人對上天的認識和把握。從心理感受上看，孔子覺得心中「空空如也」，一點知識也沒有；孟子卻說「萬物皆備於我」，心中充滿了宇宙萬物之理。這使孔子、孟子的認識哲學在某種程度上顯現了不可知論與可知論之差。從對人的認識能力的鑒定上看，孔子的「唯上智與下愚不移」注重人的認識能力的參差不齊，孟子的良知人皆有之宣稱人人都有與堯舜等同的認識能力。這使孔子、孟子的思想呈現出等級與平等之別。從待命的方法上看，孔子主張敬畏天命，顫慄慎獨；孟子嚮往盡心、知性而知命、知天。這顯然是兩人在本體哲學領域的客觀唯心主義與主觀唯心主義的貫徹和展開，同時流露出消極與積極、等待與進取的不同態度。

在政治哲學領域，孔子嚮往德治，反對一味地刑罰；孟子反對以力服人的力政、暴政，宣導不忍人之政。可見，兩人以道德手段治國平天下的政治理念別無二致。在禮樂教化的過程中，孔子一再講統治者要寬容，寬則容眾，容則民信。統治者寬宏大量，便可使近者仰慕愛戴，遠者投奔而來，從而使臣民日益增多；寬容可以得到老百姓的信任，使之更容易聽從統治者的感召、引導和教化。孟子強調，王道、仁政的重要標誌就是以理服人、以德感人。在此，孔子和孟子都用積極主動的手段達到治國平天下的目的，相信人有向善的欲望和能力、能夠聽從說服教育。如果說前者拉開了與提倡無為而治的道家的距離的話，那麼，後者則在積極有為的層面上與熱衷於功利的墨家涇渭分明。

孔子、孟子思想的相同性和差異性為界定孔孟之道的眞實內涵提供了第一手材料和直接證據。從邏輯上講，孔孟之道不應該囊括孔子和孟子的全部思想，也不可能是兩者的不同點，而只能是其相同之處。那麼，通過上面的分析，孔子與孟子思想的相同之處究竟是什麼呢？

本體哲學和認識哲學的客觀唯心論與主觀唯心論以及不可知論與可知論的差別是原則性的，表明孔子與孟子的思維方式和價值旨趣大相徑庭。因此，兩人思想的相同之處顯然不存在於這兩個領域。孔子與孟子思想的相同之處顯然集中於政治哲學領域。進而言之，在政治哲學領域，孔子、孟子思想的共同之點又是什麼呢？

其一，在教民理國上，孔子、孟子都信任仁義道德的力量而反對一味地暴力或刑殺，強調統治者自身的表率作用，設想在統治者的感化下，以理服人、以德服人，實施禮樂教化。兩人推行上行下效的統治路線。尤其需要指出的是，孟子的仁政思想是對孔子以德為主、刑罰為輔思想的繼承和發展。這一思想傾向成為儒家治國的基本主張。

其二，孔子、孟子都主張先富後教，強調在禮樂教化的過程中採取適當的經濟保障措施。孔子周遊列國時，看到某一地區人口稠密，就想著盡快使其富裕起來；富了之後再加以教育——設庠序之學，教以君臣父子、人倫日用之禮。孟子無恆產則無恒心的說法也是先讓百姓老有所贍、幼有所養，在凶年不至餓死、豐年得以溫飽的基礎上實施禮樂教化。

其三，教化內容既不是法家的法律條文，也不是墨家的功利主義，而是先王聖賢垂訓的仁義道德。

不難看出，孔子、孟子思想的相同點一言以蔽之即洋溢著人文關懷的道德主義。孔子、孟子都崇尚道德，其道德的至高無上性的觀點不囿於政治領域，而是輻射到各個領域。例如，孔子、孟子所講的仁義禮智信等道德觀念和道德行為與天、天命有著某種必然聯繫，所以，天命論才成為兩人本體哲學的中心內容、知天待命則隨之成為其認識哲學的核心話題之一。這也解釋了爲什麼儘管孔子、孟子對天的具體界定和對待不同，卻都延襲了殷周以來「以德配天」的思路，企圖通過後天的道德修養來體認和順從天命。其實，不論是對宇宙本體的追求和對待，還是對社會群體的治理，以至於對家庭關係的理順，孔子、孟子都把希望寄託於道德手段的行使。這使兩人的本體哲學、認識哲學和人性哲學都與倫理道德以及人的道德修養密切相關。就本體和認識哲學而言，孔子「畏天命」而以安貧樂道來待命、孟子在四心與生俱來的前提下讓人通過盡心行仁義於天下而修身、事天。再如，孔子與孟子人性哲學的差異從一個側面證明了兩人相同的道德主義情結。如前所述，孟子對人性的界定主要做法是把仁、義、禮、智「四心」說成是人與生俱來的本能，告訴人「四心」是天經地義的行爲規範，人理所當然地要加以弘揚和遵循。這實際上是從人性哲學的角度論證了仁、義、禮、智等儒家道德的正當性和合理性。孟子的這個做法與孔子建構龐大的倫理思想體系以突出仁、忠、恕、孝、悌等倫理範疇具有異曲同工之妙——弘揚仁、義、禮、智、信、忠、孝之善。在此，孔子、孟子論證的道德哲學與人性哲學的角度之差恰好證明了兩人堅貞不渝的道德主義情懷和視閾。

至此，可以斷言，不論如何界定孔孟之道，有一點是不容忽視的。那就是，作爲孔子、孟子思想的共同特徵，對仁義禮智之道德的提倡和道德主義情懷應該是孔孟之道的主要內涵之一。接下來的問題是，這一內涵表明，孔孟之道在確切的意義上是政治學或倫理學概念，而不是哲學範疇——尤其不適合在本體和認識哲學領域使用。推而廣之，與孔孟之道類似的還有儒家乃至諸子百家等稱謂。這不能不引發這樣的問題：孔子、孟子的本體或認識哲學是否能並提爲孔孟之道？進而言之，在研究先秦哲學或對先秦諸子百家的哲學進行分類時，把孔子與孟子歸爲一家是否合適？如果非把兩人歸在一起不可，那麼，其視角和標準是什麼？這種劃分和孔孟之道的提法是否適用於對先秦乃至整個中國傳統哲學的分類和研究？明確了孔孟之道的內涵則不難看出，用孔孟之道去表達孔子和孟子的思想學說時在無形中隱去兩人的本體、認識哲學思想，其政治、倫理思想則被無端擴大乃至成爲唯一內容。

與此相聯繫，目前學術界流行一種看法，那就是中國沒有哲學。由此緣起，中國哲學面臨尷尬處境，存在的合理性、合法性成爲亟待辯護的問題。退而言之，即使有人承認中國有哲學，也認爲中國哲學疏於本體論證、充其量是一種道德哲學。這些評價和看法的產生，除了用西方哲學的標準來衡量中國哲學這個因素之外，在某種程度上是否受了諸如孔孟之道提法的影響？哲學不是宗教，它的家園在人間。這使人作爲哲學恒提恒新的主題，是永遠也不應缺席的主角。從這個意義上說，只有把自己的目光投入到人的世界，關注人的存在、人的發展和人的價値，哲學才有旺盛的生命力。與此相關，關心人的存在、境遇和未來，並不損害哲學的崇高和神聖。以此爲準來衡量中西哲學，也許會發現中國哲學更具哲學神韻。在這方面，儒家哲學也是如此。儒家乃至中國哲學之所以會給人不是哲學的印象，孔孟之道之類的稱謂以及與此相關的用政治、倫理標準劃分諸子百家的做法難辭其咎。有鑑於此，在回答中國是否有哲學或重新解讀中國哲學時，必須拋開類似於孔孟之道的話語稱謂和思維框架，用內涵確定、嚴謹的範疇，按著先秦乃至整個中國哲學發展的實際情況和特點來詮釋其內涵意蘊和精神風采，從而最大程度地還原其本眞狀態，揭示其脈絡沿革和遞變規律。

第二十一章　孔子與孟子之仁比較

孟子雖然未能親自聆聽孔子的教誨，但是，他對孔子傾慕不已，矢志不渝地奉孔子爲精神導師。孟子的眞情告白「予未得爲孔子徒也，予私淑諸人也」(《孟子・離婁下》) 坦率眞誠、感人至深，而私淑的直接後果便是「乃所願，則學孔子也」(《孟子・公孫丑上》)。孟子對孔子的心儀注定了孟子與孔子學說一脈相承的淵源關係，也預示了兩人思想的相似性和一致性。不僅如此，在後續的歷史發展中，孟子被確定爲孔子思想的正宗傳人，與孔子一起被並稱爲「孔孟」，二人的思想被合稱爲「孔孟之道」。在這種審視維度和話語模式中，孔子、孟子思想的相同點、相似性一再被凸顯、被放大，其間的相異性、不同點卻被有意無意地隱去了。其實，正如孔子、孟子思想的相同性無可辯駁一樣，兩人思想的不同點同樣不容置疑。否認或誇大任何一方都不利於走進孔子、孟子眞實的內心世界。

仁是孔子、孟子共同關注的焦點，體現出來的同異參半是孔子與孟子學術關係的生動寫照。因此，以仁爲切入點，可以更感性、更直接地理解兩人學說的辯證關係。研究、比較孔子與孟子之仁可以體會兩人思想的相似處和相同點，也能夠領略彼此相異性和不同處。

第一節　相同的價値目標和理想追求

孔子以博學著稱、建構了龐大的思想體系。對於自己的學說，孔子聲明：「吾道一以貫之。」(《論語・里仁》) 在此，孔子並沒有直接點明貫通自己思想、把自己的整個學說統一起來的「一」究竟是什麼，他的弟子曾參一語道破的解釋——「夫子之道，忠恕而已矣」(《論語・里仁》) 證明了「一」就是仁所標誌的忠恕之道，仁是貫穿孔子整個思想體系的主線。孟子終身爲弘揚仁而不遺餘力，並在本體、認知、人性和政治等諸多領域對仁加以闡揚。孔子、孟子對仁的推崇和解說使兩人的思想呈現出極大的相同點和相似性。

一、價值目標和人生追求——仁義道德而非物質利益

人生的意義何在？人們言論的理論初衷和行動的最終目的是什麼？孔子、孟子把這些問題的答案都歸結爲仁。

孔子對道義如饑似渴，坦言「朝聞道，夕死可矣」（《論語・里仁》）。對道義的渴望使孔子不僅甘願爲仁義而獨守貧賤，恪守「不義而富且貴，於我如浮雲」（《論語・述而》）；而且視道義重於生命，宣稱「志士仁人，無求生以害仁，有殺身以成仁」（《論語・衛靈公》）。不僅如此，孔子強調仁對於人的至關重要性，斷言「人而不仁，如禮何？人而不仁，如樂何？」（《論語・八佾》）有鑑於此，他大聲疾呼人不可須臾違仁——「君子無終食之間違仁，造次必於是，顛沛必於是。」（《論語・里仁》）這表明，孔子把仁視爲人生的最高境界和美好品德——「好仁者，無以尚之。」（《論語・里仁》）仁也因此成爲人生的價值目標和理想追求。

孟子對人的行爲進行了剖析，把人的行爲動機劃分爲勢不兩立的兩個陣營。對此，他指出：「雞鳴而起，孳孳爲善者，舜之徒也。雞鳴而起，孳孳爲利者，跖之徒也。欲知舜與跖之分，無他，利與善之間也。」（《孟子・盡心上》）這就是說，在孟子的視界中，仁義之善與物質之利是相互對立、不可調和的，人們的行爲或爲利、或爲善，只能選擇其一，絕沒有妥協的餘地。至於選擇什麼，按照他的價值觀，當然毅然決然地惟仁義之善莫屬。人生的目的就是排斥物利而臻於仁義之善——以仁義爲志、終身追求仁義。由是，孟子呼籲以仁義爲志、以居仁由義爲人生的價值目標和生存意義。據說：

> 王子墊問曰：「士何事？」孟子曰：「尚志。」曰：「何謂尚志？」曰：「仁義而已矣。殺一無罪，非仁也；非其有而取之，非義也。居惡在？仁是也；路惡在？義是也。居仁由義，大人之事備矣。」（《孟子・盡心上》）

「尚志」、「養浩然之氣」是孟子所首推的，這些歸根結底都與仁義有關——具體操作和基本內容便是以居仁由義爲事業。更有甚者，孟子斷言：「仁也者，人也。合而言之，道也。」（《孟子・盡心下》）這個定義把仁說成是人

的本質屬性，由此強化了仁對於人的意義。孟子在指出是仁使人與禽獸區別開來、擁有自身的本質規定的同時，明確了人的作為、價值和存在意義——由仁義行。基於此，孟子一再強調：

仁，人之安宅也；義，人之正路也。(《孟子・離婁上》)

仁，人心也；義，人路也。(《孟子・告子上》)

孟子的上述說法使仁由君子之德和得道者的高尚之舉轉變成人人都不可推諉的責任和義務，在使仁下放的同時擴大了仁的行為主體，從而更加普遍化。

總之，在孔子、孟子的人生目標和價值系統中，人的生存意義在於為仁，「殺身成仁」是死得其所。為仁而生、為仁而死是兩人的共識。

二、概念內涵和行為規範——愛人而非人情淡漠或爾虞我詐

孔子、孟子不僅都好仁、為仁，而且都用愛來詮釋仁，致使愛人或本著憐愛、惻隱之心處理人際關係成為仁最基本也最主要的含義。

孔子最早賦予仁以「愛人」的涵義。《論語》云：「樊遲問仁。子曰：『愛人。』」(《論語・顏淵》) 於是，愛人便成為孔子之仁最基本、最固定的含義之一。在此基礎上，為了達到最真誠、最切實的愛人目的和效果，孔子從積極與消極兩個方面入手，宣導「己欲立而立人，己欲達而達人」(《論語・雍也》) 和「己所不欲，勿施於人。」(《論語・衛靈公》) 其實，在孔子用仁的愛人精神即忠恕之道來整合自己的全部思想的舉動中，他對愛人的重視即可見一斑。

孟子也一直用愛來充實仁的內涵，不僅直呼「仁者愛人」，而且明確指出仁發端於同情、惻隱之心。於是，便有了「惻隱之心，仁也」(《孟子・告子上》) 和「惻隱之心，仁之端也」(《孟子・公孫丑上》) 的著明命題。對於仁所傳遞和表達的愛人之心，孟子舉例說：「今人乍見孺子將入於井，皆有怵惕惻隱之心。非所以內交於孺子之父母也，非所以要譽於鄉黨朋友也，非惡其聲而然也。」(《孟子・公孫丑上》) 在這裡，作為人的先天良知和行為本能，仁所內蘊和傳達的愛人之心稱為「不忍人之心」或「惻隱之心」，是「四心」之首，具體指對他人的同情、憐憫和關愛之心。孟子的「無惻隱之心，非人也」(《孟子・公孫丑上》) 孟子把仁、不忍人之心提升到人的本質規定的高度，從而使作為人之為人的根本原則和必要條件的愛人、同情他人具有了非同尋常的意義。

總之，孔子、孟子所講的仁基本含義都是愛人，對仁的詮釋、對愛人的呼籲表明了兩人用仁愛而非物質利益處理、協調人際關係的願望和思路。愛是孔子和孟子處理人際關係的出發點和指導原則，也是兩人的理想社會應有的秩序和境界。

三、政治路線和社會理想——德治仁政而非暴政力政

孔子、孟子所講的仁既是道德觀念，又是行爲規範。而要使作爲道德觀念和行爲規範的仁得到最大程度和最廣空間的貫徹實施，最好也最行之有效的辦法便是使之政策化而成爲國家政治制度的一部分。這是儒家都有仕途情結的癥結所在，也預示著兩人之仁不能完全脫離政治而必然在政治領域佔有重要一席。

孔子明確提出了「爲政以德」的口號，相信「爲政以德，譬如北辰，居其所而眾星共之」(《論語・爲政》)。不僅如此，在刑與德一個雖然使百姓免於犯罪卻不能具有廉恥心、一個既能使百姓有廉恥之心又行動起來規規矩矩的對比中，孔子更加堅定了德治的行政路線和政治理念。他告誡統治者：「子爲政，焉用殺？子欲善，而民善矣。小人之德草，君子之德風。草上之風，必偃。」(《論語・顏淵》) 可見，孔子試圖通過爲政者自身的道德表率作用達到國治民安的目的，表現了好仁之德，而他對百姓先庶再富後教的主張更是盡顯愛人本色。

孟子從人皆有不忍人之心出發推出了仁政的可能性和必然性，不僅堅信心懷不忍的先王必將推行不忍人之政，而且相信百姓會聽從統治者的道德引導和召喚而從善如流。同時，本著愛民、保民的精神，孟子提出了制民之產的井田制以及省刑罰、輕賦斂和不違農時等一系列行政或經濟措施，以期百姓老有所養、少有所贍，在保障他們的生存權利、解決衣食住行之憂的前提下推行禮樂教化、王道仁政，其中袒露的惻隱之心和愛人之情清晰可見。

孔子、孟子之仁貫徹在政治領域即以道德手段治國平天下的政治理念和行政思路，德治、仁政作爲政治制度和指導思想成爲仁發揚光大的最好途徑。有鑑於此，孔子、孟子包括荀子在內不僅講學、授課和爲學時以道德完善爲旨歸，而且都懷抱平治天下的宏圖大願周遊列國、說服諸侯國君推行仁義。儘管他們的行程並沒有如願以償，然而，他們試圖憑藉仕途而廣播仁義於天下的初衷卻留下了千古佳話。

從上可見，孔子和孟子所講的仁都有內在的道德觀念、外顯的行爲規範和公共的行政制度三個層面。這三個層面所顯示的價值目標、人際關係和政治路線反映了孔子、孟子的共同理想和一貫追求。正是兩人的提倡和弘揚，使仁成爲儒家文化的頭字號大招牌。

第二節　不同的思維走向和理論意蘊

孔子、孟子把仁視爲人最基本的道德觀念和行爲規範，而老子、莊子、墨子或韓非等人並不這樣看。現在的問題是，爲什麼不是墨子的兼愛、非攻、貴義或道家「絕仁棄義」的崇尚本眞而偏偏是仁應該成爲人的倫理規範？換言之，仁具有正當性和權威性嗎？誰爲仁的存在正名？爲了樹立仁的權威，孔子、孟子從不同角度進行了論證。與此同時，仁是兩人最核心的概念之一，使用頻率之高在某種程度上預示了仁的內涵和外延的複雜性和多變性。由於在不同場合和情境中對仁各有側重，更由於不同的理論走向和思維視角，孔子與孟子所講的仁呈現出明顯區別。

一、仁之何來——仁的身份證明與本體

孔子對仁的界說很多，致使仁成爲《論語》中出現頻率最高的範疇之一。然而，孔子並沒有對仁的正當性和合理性進行直接論證。《論語》中的「子罕言利，與命與仁」（《論語・子罕》）或許是理解這個問題的理論突破口：孔子淡泊物利，爲追求仁義伏下了契機；贊成天命，與贊成仁之間具有某種內在關聯。進而言之，孔子一面宣稱人的貧富、貴賤、通塞和吉凶都爲上天命中注定，一面斷言上天不言不語、隨機莫測，對人之命運的注定沒有任何必然法則或因果規律可尋。上天的權威和做派使人對它始終處於「如臨深淵，如履薄冰」的畏懼之中。伴隨著君子「畏天命」的無助和無奈，有道之君子選擇加強自身的道德修養來安身立命。於是，「不怨天，不尤人」、使人無憂而樂的仁便成了人安身立命的最好依憑。

與孔子的迂迴、間接有別，對於仁的必要性、正當性和權威性，孟子明言聲稱：

> 有天爵者，有人爵者。仁義忠信，樂善不倦，此天爵也；公卿大夫，此人爵也。（《孟子・告子上》）

夫仁，天之尊爵也，人之安宅也。（《孟子・公孫丑上》）

在此，孟子從兩個角度爲仁進行了辯護：第一，正如公卿大夫是君主賦予人的爵位一樣，仁義忠信是上天賦予人的爵位。由於上天是宇宙間的最高權威，因此，天爵身份便證明了仁不僅高於、優於人爵，而且擁有天然的合理性和正當性。第二，因爲仁是宇宙間最尊貴的爵位，是上天賦予人的神聖使命和人生意義，所以，仁是人最安全的住宅。人只有時時刻刻、事事處處「以仁存心」、由仁義而行，才能因爲「居天下之廣居」（《孟子・滕文公下》）而保身、保家和保天下，安全並快樂著。孟子的這些說法使仁作爲上天賦予人的使命和本性在受到上天庇護的同時、在上天那裡找到了身份證明，因而擁有了天然的合理性和正當性。

可見，在仁的身份說明和合理性闡述上，孟子的論證顯然比孔子更直接、更有力。孔子只是說仁對於人尤其是君子至關重要，卻很少講爲什麼；孟子不僅申明仁對於人的極端重要、是人之爲人的根本，而且闡明了其中的原因。由是，仁在孔子那裡是君子、仁人的專利或超凡脫俗的修養和境界，在孟子這裡則轉化爲一般人——聖凡同具的品質和使命。與此相關，孔子、孟子之仁存在的必要性和意義都與作爲宇宙本原、並且決定人之命運的上天有關，這種關係卻有間接與直接之分。孔子之仁與上天的聯繫是間接的，充其量是作爲內在的道德修養而「以德配天」、畏天待命的手段之一。因此，仁屬於形而下的存在，只具有道德屬性而囿於人間，並不具有形而上的意義。孟子所講的仁直接與上天相對接、作爲上天賦予人的至尊爵位是人生的意義、價値和使命。因此，從來源處看，仁的裁決權不屬於人而屬於天，從而使仁具有了形而上的意蘊。

二、仁爲何物——仁的存在狀態與內外

仁的身份本身即蘊涵著仁與人的關係。孔子、孟子對此問題的不同解答即潛藏著仁對於人而言是先天還是後天的分別：孔子傾向於仁是後天的，孟子則把仁視爲人與生俱來的先天本能和本性。

孔子認爲人的吉凶禍福由天注定，卻始終沒有說仁爲上天所命。這在否認仁之形上意蘊的同時，使仁作爲人的後天品德而不具有與生俱來的先天特徵。同樣的邏輯，形上意蘊使孟子所講的仁成爲上天生人之時賦予人的先天本能和本性。對此，孟子一再聲明：

人之有是四端也，猶其有四體也。(《孟子・公孫丑上》)

人之所不學而能者，其良能也；所不慮而知者，其良知也。孩提之童，無不知愛其親者；及其長也，無不知敬其兄也。親親，仁也；敬長，義也。(《孟子・盡心上》)

接下來的問題是，仁的後天與先天之差進一步引發了兩人對仁的內在與外在之別。具體地說，孔子之仁的後天性無法強化仁的內在性。雖然孔子一再強調爲仁靠主觀自覺和自我反省，但是，在某種程度上仁與義、禮、智等對於人的本質存在而言具有某種程度的外在性傾向。對於這一點，孔子強調仁要通過禮表現出來即是明證。孔子把仁視爲思想情感和內容實質，卻把禮視爲外在禮節和表現形式，進而凸顯禮的外在性和強制性。這樣做的後果在客觀上使仁外在化，其中的外在強制意味有時甚至淹沒了主觀自覺。據《論語》記載：

孟懿子問孝。子曰：「無違。」樊遲御，子告之曰：「孟孫問孝於我，我對曰『無違。』」樊遲曰：「何謂也？」子曰：「生，事之以禮；死，葬之以禮，祭之以禮。」(《論語・爲政》)

孔子並不否認孝包含情感、先要對父母存有孝敬之心——如果對父母不敬、不是心中充滿敬愛之情，養父母與養犬馬便沒什麼兩樣。正是在這個意義上，孔子說孝「色難」。然而，綜觀孔子的理解，孝最終還是被淹沒在外在的禮節之中。孝是「無違」的結論便是典型的例子。

在孟子那裡，仁的形上性和先天性本身即蘊涵著仁對於人而言的內在性。於是，孟子每每明言：

仁義禮智根於心。(《孟子・盡心上》)

仁義禮智，非由外鑠我也，我固有之也。(《孟子・告子上》)

這恰好說明，仁的與生俱來在某種程度上決定了仁對於人來說是先天固有的、內在的。正因爲如此，孟子不僅在與告子的爭論中闡明仁義皆內的主張，而且「惻隱之心，仁也；羞惡之心，義也；是非之心，智也」(《孟子・告子上》)的提法本身即把仁義歸到了屬於內在精神、意識的「心」之行列。同樣，被孔子視爲外在形式的禮也被孟子內化爲心，「辭讓之心」、「恭敬之心，禮也」的命題使禮得到了與仁義無異的內在規定性。當然，加入到「心」這一行列的還有作爲「是非之心」的智。由此看來，仁、義、禮、智非由外鑠便成了必然結論。

在對於仁的存在狀態的認定上，孔子認為仁是後天而外在的，孟子認為仁對於人而言是先天而內在的。孔子、孟子的這些看法繼續和加大了仁與上天的關係中間接與直接的差別，同時奠定了各不相同的踐履之方。

三、仁之何為——人的踐履方式與先後

無論在孔子還是孟子那裡，仁都具有多層內涵和各種條目。這在加劇仁之內涵複雜性的同時，也為仁的實踐帶來了某種困惑。從愛人、忠恕到剛毅木訥——「剛毅木訥近仁」（《論語・子路》）乃至恭寬信敏惠等，孔子之仁儼然是包羅萬象的總綱條目繁多，讓人無從下手。更有甚者，仁之對象的廣泛性又為仁的複雜性推波助瀾。孔子強調愛人時要「泛愛眾」，普遍地愛一切人，無論臧獲還是黎民百姓一樣要愛——「博施於民而能濟眾」。物這一新成員的加入更是擴大了孟子仁愛對象的陣營。鑒於仁之內涵的複雜和仁愛對象的廣泛，為仁從哪裏做起成為一個迫切的現實問題。

本著忠恕原則，孔子為仁近取諸身。這就是所謂的「能近取譬，可謂仁之方也已」（《論語・雍也》）和「我不欲人之加諸我也，吾亦欲無加諸人。」（《論語・公冶長》）為仁近取、將心比心的結果是為仁在家庭之內、從愛自己的父兄做起，這使孝悌成為仁之根本。正如有子所說：「其為人也孝悌，而好犯上者鮮矣；不好犯上，而好作亂者，未之有也。君子務本，本立而道生。孝悌也者，其為仁之本與！」（《論語・學而》）有子在此運用孝悌—預防犯罪—社會和諧之間的邏輯推演證明了孔子之仁以孝為根基。

孟子繼承了孔子重視孝的傳統，同樣遵循由己及人的思想路線和行動原則，於是，「老吾老，以及人之老；幼吾幼，以及人之幼，天下可運於掌」（《孟子・梁惠王上》）成了順理成章的必然結論。鑒於這種認識，孟子把對親之親說成是仁的本質：

> 親親，仁也。（《孟子・告子下》）
>
> 仁之實，事親是也；義之實，從兄是也。智之實，知斯二者弗去是也；禮之實，節文斯二者是也；樂之實，樂斯二者，樂則生矣。（《孟子・離婁上》）

孔子、孟子的這些言論表明，仁愛要從愛自己的親人開始。只有先愛自己的親人、把對親人之愛推而廣之、由己及人，才能愛他人以及他人之親。這決定了孝在仁中的基礎地位和核心內容。愛的對象廣泛，要從愛親開始；

仁的條目眾多，應從對父母的孝做起。這是孔子和孟子的共同主張和程序，體現了二人思想的一致性。

然而，孟子對孝、對仁的踐履程序的說明和設計以及對孝的強化展示了不同於孔子的思想意蘊和理論走勢：

首先，孟子把仁之踐履劃分爲親親、仁民和愛物三個等級。仁在孔子那裡是愛人之情感和本質內容，忠、孝、惠和慈等都是仁面對不同被愛對象的具體表現和外在形式。這表明，仁是平面直推或由一個中心輻射出來的。與此不同，孟子把仁的對象劃分爲親、民和物三種類型和等級、進而使仁的內涵和程序呈現出親親、仁民和愛物三個層次和階段。對此，他寫道：「君子之於物也，愛之而弗仁；於民也，仁之而弗親。親親而仁民，仁民而愛物。」（《孟子・盡心上》）在此，親親一仁民一愛物展開的思路和邏輯顯示雙層意義：一方面，親親一仁民一愛物是一個愛之情由濃至淡、由厚漸薄的過程——對親之親不僅有仁而且飽含至愛親情；對於一般人的愛雖然別於對物的愛、但只是出於一般的惻隱而已。另一方面，親親一仁民一愛物是一個愛之迫切由先到後、由急至緩的過程，這用孟子的話說便是：

> 知者無不知也，當務之爲急；仁者無不愛也，急親賢之爲務。（《孟子・盡心上》）

> 仁者以其所愛，及其所不愛。不仁者以其所不愛，及其所愛。（《孟子・盡心下》）

其次，孟子更注重家庭倫理。孔子雖然強調仁以孝悌爲基礎，但是，他忠孝並提，並且常常在外事君、內事父的雙向維度中力圖忠孝兩全，仁的最高境界爲「君君，臣臣，父父，子子」（《論語・顏淵》）即是證明。孔子有時還把忠置於孝之上，這無疑會衝擊孝的地位。此外，孔子把眾多內容塞進仁中：在仁的條目和內涵上，從愛人、忠、孝、慈、直（「巧言令色，鮮矣仁。」）到剛毅木訥、恭寬信敏惠，如此等等，不一而足；在爲仁之方上，忠恕之道、克己復禮、視聽言動、爲仁由己紛紛登場。孔子的做法在使仁得以充實豐滿的同時，也使仁顯得零亂不堪以至孝的地盤越來越小。此外，孔子所講的仁側重個人修養——即使這個個人是君主也不例外。換言之，個人有時指普通百姓，有時指君主。當仁之主體是君主時，孔子之仁也側重其作爲個體的道德，而不是從其推行的公共倫理或家庭倫理立論。在下面的故事中，恭、寬、信、敏、惠即側重君主的個人之德：

> 子張問仁於孔子。孔子曰：「能行五者於天下，爲仁矣。」請問之。曰：「恭、寬、信、敏、惠。恭則不侮，寬則得眾，信則人任焉，敏則有功，惠則足以使人。」（《論語・陽貨》）

孟子對仁以親親爲大的理解致使親一人一物的先後、親疏成了題中應有之義。孟子對仁的闡釋和對仁之程序的設定使親不僅是愛之最急、最先而且是愛之至深、至濃的對象，這實際上是突出了親親在仁中首屈一指的地位和作用。更爲明顯的是，爲了突出對親之親無可替代的地位，孟子不惜隱蔽了對民和物之仁，「親親，仁也」便流露出孟子的這一思想傾向。

鑒於親親在仁中至高無上的地位，孟子將親親、事親視爲人之爲人的標準和人生的最大快樂。孟子有關這方面的言論很多，下僅舉其一斑：

> 不得乎親，不可以爲人；不順乎親，不可以爲子。（《孟子・離婁上》）

> 君子有三樂，而王天下不與存焉。父母俱存，兄弟無故，一樂也。仰不愧於天，俯不怍於人，二樂也。得天下英才而教育之，三樂也。（《孟子・盡心上》）

> 富，人之所欲，富有天下，而不足以解憂；貴，人之所欲，貴爲天子，而不足以解憂。人悅之、好色、富貴，無足以解憂者，惟順於父母，可以解憂。（《孟子・萬章上》）

按照孟子的觀點，得到父母的認可，是人之爲人的本分；順從父母的意願，是爲人子的責任。由此觀之，富貴、名利、財色都不足以與父母相提並論。父母雙全、家人健康才是人生的第一快樂。可見，在孟子這裡，對仁的等級、次序的設定突出了對父母之愛的地位和作用，對父母之愛的強調又必然強化孝的重要性。於是，孟子修改聖人標準、在各項指標中突出孝的內容，以至於把聖人說成是以孝之德行超凡入聖的典型。對此，他指出：「堯舜之道，孝悌而已矣。子服堯之服，誦堯之言，行堯之行，是堯而已矣；子服桀之服，誦桀之言，行桀之行，是桀而已矣。」（《孟子・告子下》）孟子的做法在裁剪聖人形象、樹立聖人爲孝之典型的同時，通過聖人的榜樣作用爲人指明了一條道德完善、通往聖人之路。那就是：述孝悌之言、躬孝悌之行。順是，聖人；違之，罪人。其間善惡分明、沒有商量或迴旋的餘地。

孔子、孟子對爲仁程序的設立以及對孝的重視顯示了不同的理論側重和思想動向。與孔子注重社會和諧的共同倫理——至少兼顧公共倫理、家庭倫理和個體倫理的傾向有別，孟子之仁更注重家庭倫理，尤其是對公共倫理用情不多。正是這種分野決定了兩人對孝的不同側重和詮釋。孔子所講的孝除了對父母的至愛親情和孝敬之心，還包括外在的形式——禮。如果說孔子之孝包括內在之仁心和外在之禮節兩個部分的話，那麼，孟子則把孝完全內化。因此，在繼承孔子強調孝之孝心、情感的同時，孟子淡化孔子津津樂道的孝之外在形式和禮節強制，反映了重視家庭的血緣延續、家族的內部和諧的理論動機和心理意圖。前者即「不孝有三，無後爲大」（《孟子・離婁上》）——最大的不孝是無後、有後傳宗接代使家族血緣得以延續便是最大的孝道；後者即「責善，朋友之道也；父子責善，賊恩之大者」（《孟子・離婁下》）——爲了情感甚至放棄善惡是非，無非是怕善惡爭論影響家庭內部的穩定、和諧和團結。兩者合而爲一，即是其樂融融的天倫之樂。

第三節　孔子與孟子思想的異同與命運

綜上所述，孔子與孟子所講的仁既有相同之處，也有相異之點。其實，這是兩人全部思想關係的縮影和再現。對於孔子、孟子之仁以及兩人學說的異同關係，任何誇大一方而忽視或否認另一方的做法都是不客觀和不明智的。對於孔子、孟子學說之間既相一致又相區別的辯證關係，只有客觀、公正地透視其中的同中之異和異中之同，才能洞察儒家一以貫之的思想學脈和理論精髓，進而眞正理解兩人在不同時期迥然懸殊、跌宕起伏的歷史命運。

一、相同點和相似性——儒家思想的靈魂和精髓

孟子被認定爲孔子的學術傳人，甚至被奉爲「亞聖」。除了因爲孟子對孔子的傾慕之外，主要在於他傳習了孔子之道，而仁也在其中。不僅如此，孔子與孟子對仁的熱衷追逐、內涵解釋和推行路線都體現了驚人的相同性和一致性。這一點在與其他思想家的對比中則顯得更加清楚和明顯。

首先，孔子、孟子都爲追求仁義而嘔心瀝血，並視仁爲高於生命的永恆價値。兩人對仁的渴望和呼籲與老子、莊子保持本性之眞的主張和墨子、韓非等人對利的追逐相去甚遠。從此，伴著學術分野的日益清晰，隨著道家在淡薄名利、絕仁棄義的道路上越走越遠，法家成爲極端自私、爲富不仁的標誌，孔子和孟子代表的儒家成爲中國傳統文化中仁義道德的代名詞。

其次，孔子和孟子把仁解釋爲愛人，並用愛來看待和處理人際關係。與此不同，老子、莊子嚮往「君子之交淡若水」（莊子）而「民至老死不相往來」（老子），韓非則在人性自私自利的前提下把包括父子、君臣在內的所有人都編織在爲利而來的關係網中，用利來處理人與人之間的所有關係乃至放縱爾虞我詐、不擇手段。孔子、孟子高擎的愛之旗幟在道家人情淡漠和法家利字當頭的映照下更加鮮明。應該承認，在用愛來處理人際關係的層面上，孔子、孟子和墨子一起投於愛之麾下；然而，孔子、孟子以仁愛的名義推行的愛人路線的道義尋求又拉開了與以「兼相愛」邀「交相利」的墨家之間的距離。從此，提起仁愛、惻隱之心，人們首先想到的便是孔子、孟子開啓的儒家，因爲用愛而非利或力處理人際關係（包括日常生活的人際交往和國家生活的行政措施）是其主要內容和必然結果。

再次，孔子、孟子爲推行仁提出的德治、仁政成爲儒家一以貫之的政治路線和行政原則。這種以禮樂教化、道德引導爲手段的治國方略不僅與老子、莊子任其本性、放任自然的無爲而治具有積極有爲與消極無爲的本質區別，而且與韓非賣弄法術勢的伎倆、以嚴刑酷法爲強制手段的奉法路線針鋒相對。正是在與諸家——尤其是法家長期不息的聚訟爭辯中，孔子、孟子代表的儒家成爲以德治國的典型。德治仁政主張儘管在先秦倍受冷落，卻是中國漫長的古代社會主要的政治原則之一，被大多數統治者所標榜和遵從。

總之，孔子、孟子之仁的相同性凸顯了儒家不同於諸子百家的理論特色，也浸透著儒家一貫的理論主張和價值追求。除了上面提到的好仁義而輕物利、好仁愛而非冷漠、好德治而非法治之外，兩人的一貫主張及儒家的理論特色還包括輕視外在的強制而注重內在的自覺。孔子強調爲仁由己，一再指出仁的實現要由自身做起、全憑主觀自覺。對此，孔子反覆申明：

> 爲仁由己，而由人乎哉？（《論語・顏淵》）
>
> 我欲仁，斯仁至矣。（《論語・述而》）
>
> 克己復禮爲仁。一日克己復禮，天下歸仁焉。（《論語・顏淵》）

進而言之，孔子所講的爲仁依憑主觀自覺的一項重要內容和手段就是直視內心、拷問靈魂的自我反省。孔子對不貳過的反省讚譽甚高，以至宣布「已矣乎！吾未見能其過而內自訟者也」（《論語・公冶長》）。於是，「吾日三省吾身」便成爲志於道的君子每天的必修課，反省也隨之成爲可貴的美德。這表明，孔子之仁走的是主觀自覺和內心反省的路線。孟子沿著孔子引導的道路、把仁的實現寄託於寬人責己的內省，並把在反省中獲得的愉悅看作是人生最大的快樂。對此，他指出：

仁者愛人，有禮者敬人。愛人者，人恒愛之；敬人者，人恒敬之。有人於此，其待我以橫逆，則君子必自反也：我必不仁也，必無禮也。(《孟子・離婁下》)

萬物皆備於我矣。反身而誠，樂莫大焉。(《孟子・盡心上》)

孔子、孟子開創的以反省、自覺爲主要手段的爲仁之方不僅貫穿於兩人作爲價值目標的道德觀念、處理人際關係的行爲規範和作爲行政路線的德治仁政等各個方面，而且與法家的外在強制和武力威懾南轅北轍而盡顯儒學本色。

孔子、孟子對仁的推崇和提倡奠定了仁在儒家思想體系中的核心地位。作爲仁義道德的代名詞，儒家建構了完整、系統的倫理學說，三綱五常是其中的核心。仁始終是三綱五常的核心和靈魂，並且處於三綱與五常的匯合點上，因而在中國傳統道德乃至古代文化中具有至關重要的意義。正如在孟子的論述中「四心」以仁即「惻隱之心」、「不忍人之心」爲首一樣，在中華倫理思想體系的構架中，仁義禮智信五常、五行以仁爲首，根深蒂固的地位置信不疑；三綱中父爲子綱、夫爲妻綱和君爲臣綱則是仁外顯於禮的具體形態（孔子）或愛有差等的直接結果（孟子）。從此，仁一直是中國傳統文化的基石和核心範疇，以仁延展的仁政成爲歷代統治者標榜的治國路線。換言之，正如儒家是仁義道德的代名詞一樣，仁則是仁義道德的代名詞；如果說中國傳統道德的核心是三綱五常的話，那麼，仁則是三綱五常的核心。在這個意義上可以說，沒有仁，便沒有儒家；離開了仁，中國傳統道德乃至傳統文化則是不可想像的。

二、不同點和差異處——不同的命運和遭遇

孔子、孟子之仁的不同濃縮了孟子思想既源於孔子又超越孔子的雙重品質。就仁而言，孟子思想的新動向具體表現爲使仁形上化、先天化、內心化、家庭化和等級化。從上面的介紹可以看出，如果說仁的家庭化、等級化在孔子那裡已經初露端倪、孟子只是步孔子後塵使之進一步發揚光大的話，那麼，仁的形上化、先天化和內心化則是孔子不曾有過的、完全屬於孟子的理論創新。具體地說，孔子之仁是有道君子的品德和修養、因爲不是上天所命而不

具形上性，孟子之仁雖是人的品質和本性、但其「天爵」身份使之從本源處即具形而上的烙印和屬性；孔子之仁不是上天生人之初賦予人的、並非天賦之仁對於人來說只能是後天的，孟子之仁作爲天賦之爵對於人來說與生俱來、因而具有不證自明的先天性；孔子之仁的後天性伏下了仁外在性乃至強制性的理論缺口，孟子之仁的先天性表明了對於人的內在性——始終根於心、爲人心所固有。

必須看到，孔子、孟子之仁的不同圍繞仁的形上屬性、存在狀態和踐履方式展開，具體表現爲形上形下、後天先天以及外在內在之別，卻又不僅僅停留於此。實質上，這是兩種不同的哲學思維、價值取向和理論走勢。進而言之，仁的形上屬性、存在狀態和踐履方式這三個問題相互連接和制約，具有內在一致性和邏輯貫通性。正如孔子之仁的形下性、後天性與外在性密切相關一樣，孟子之仁的形上性、先天性和內在性環環相扣，使仁呈現爲非人化（由於人不是本體，仁的本體化、形上化即體現爲非人化）和人化（內在爲人與生俱來、內心固有的先天本性）的兩極互動，彰顯邏輯上的內在一致性。正是仁的形上性—先天性—內在性之間的邏輯關聯乃至三位一體牽動了孟子哲學不同於孔子的理論走向和思維模式。那就是：天人合一的思維模式和價值訴求、主觀唯心主義的理論走勢和最終歸宿以及認識哲學與道德修養的盤根錯節和合二爲一。

首先，在孟子的哲學中，正如仁的天賦性決定了仁對於人是先天的而非後天的、內在的而非外在的一樣，對於人的先天固有和內在性使仁作爲人的本性和本能始終左右著人的行爲。人把心中固有、作爲本性之仁顯示出來即證明了仁並非外在強制的天爵身份和形上品格。很顯然，這是一個互動的過程：一方面，仁的形上性、天爵身份決定了仁對於人的先天性和內在性，強化了仁的天然合理性，這是天本論和天命論的一部分。另一方面，仁對於人的內在性和與生俱來的先天性反過來強化了爲仁由己的自覺性和必然性。當人通過自己的行爲把仁踐履出來之後，仁的天爵身份才得以最終貫徹落實。前者是基礎，屬於本體哲學；後者是昇華，覆蓋認識哲學、道德哲學和人性哲學等諸多領域。這兩條路線和邏輯層次構成了孟子天人合一的主要內容。仁的形上化和天爵身份奠定了儒家以道德完善、踐履上天賦予人的善端來參天地之化育的模式，這種模式在與道家保持天然本性的天人合一的對比中獨樹一幟、別具一格。同樣，孟子開創的這一模式又因遵循盡心、養心、存心和求放心的內求路線而呈現出不同於孔子的主觀唯心主義的思維走向和理論歸宿。

其次，天人合一的思維方式和價值取向決定了與天合一是人的使命和價值。這不僅僅是孟子一個人的看法，而是適用於具有天人合一傾向的大多數古代哲學家，甚至是中國古代哲學有別於西方哲學的基本特徵之一。各家各派的分歧主要聚集在對天人合一的內涵詮釋和天人合一方式的設計上。與其他學派不同、且開理論先河的是，孟子提出了一套以存心、盡心、養心和求放心爲基本內容的行動方案。由於天人合一的所有前提和步驟方法都是圍繞心展開的，歸根結底都離不開心，孟子非常重視心的作用，認爲心中固有仁、義、禮、智之善端。只要把上天賦予人的先天的、心中固有的仁義禮智之端完全、徹底、充分地展露出來，人就可以與天合一。這樣一來，孟子幻想通過盡心、存心、養心、求放心等步驟、方法來充分發揮先天良知、良能的作用而知性知天、安身立命的過程體現爲主觀唯心主義的認識和行爲路線：一方面，人與天合一具體化爲盡心、存心、求放心和養心寡欲的過程，心被提升到至關重要的地步。另一方面，天人合一的結果——「萬物皆備於我」的理想境界更是用主觀呑沒了客觀。孟子開創的這套主觀唯心主義的認識路線和散發道德情調的天人合一是一種不同於道家、墨家及法家的模式。這一模式成爲後續儒家尤其是宋明理學家共同遵循的路徑。

再次，被孟子寄予厚望、津津樂道的心具有與生俱來的雙重性：一方面，心是思維器官，具有認知功能。這便是所謂的：「心之官則思，思則得之，不思則不得也。」(《孟子‧告子上》) 另一方面，心有道德屬性，是價值和實踐理性。孟子把仁、義、禮、智歸於心這一範疇，冠之以「惻隱之心」(「不忍人之心」)、「羞惡之心」、「恭敬之心」(「辭讓之心」) 和「是非之心」的稱謂。不僅如此，對於人與生俱來的本性和本能，孟子如是說：「人之所不學而能者，其良能也；所不慮而知者，其良知也。孩提之童，無不知愛其親者；及其長也，無不知敬其兄也。親親，仁也；敬長，義也。無他，達之天下也。」(《孟子‧盡心上》) 在這裡，良知和良能與其說是與生俱來的認識本能和行爲本能，不如說是先天的道德本能和本性。所以，孟子對此的具體詮釋是仁義之善而非純粹的智力水準。心在孟子思想中集認知理性和道德理性於一身的雙重規定和內涵直接決定了盡心、存心、養心和求放心的雙重內涵和意義。與此相關，盡心—知性—知命—知天既是認識過程和手段，也不失爲道德修養的方法和途徑。正因爲如此，孟子的認識哲學始終與道德修養混沌未分、合二爲一。最後，認識方法淪爲道德修養術或被道德修養扼殺殆盡。

孔子、孟子對仁的不同闡釋及其思想的差異性注定了後人對兩人思想關係的認定，並且解釋了孔孟學說不同的歷史命運。在先秦典籍中，孔子與孟子的思想並沒有被聯繫在一起。例如，《莊子・天下》篇雖然沒有把孔子或孟子納入視野，但是，《莊子》書中時不時地拿孔子說事，卻始終不見孟子的身影。荀子在《非十二子》中不是把孔子與孟子歸爲同一學派，而是把孔子與子弓並提、孟子與子思同列，並對他們的學術做了分別。與此同時，荀子對孔子、孟子的態度更是反差極大——在贊許孔子的同時，抨擊孟子對孔子學說難辭其咎的誤導，對孟子尤其是性善說大放厥詞。荀子的性惡論就是對性善說有感而發，可以視爲論戰性作品。韓非力主法術勢、反對德治路線，把批判的矛頭直指孔子，卻沒有涉及孟子。此後，經過秦代「焚書坑儒」的鳳凰涅槃，儒學在西漢得以重生，被定爲一尊。而漢代儒學——董仲舒思想主要伸張了孔子《春秋》「屈人伸天」的微言大義，走的依舊是孔子路線，基本上忽視了孟子。這些事實至少表明在此之前學術界並沒有把孔子與孟子的思想直接聯繫在一起，而是分別對待的。鑒於南北朝和隋唐時期佛教盛行對儒家的致命衝擊，爲了抵抗佛教的教統說以與之分庭抗禮，唐代韓愈提出了儒家的道統論，把孟子說成是孔子的繼承人。可見，從先秦到唐代，經歷了近千年的等待和歷史評說，孟子才得以與孔子頻繁地被聯繫在一起。此前，兩人基本上是分離的。這些至少說明了孔子、孟子思想的差異性。

唐代之前孔子、孟子的分離從一個側面反映了兩人學術地位的懸殊，孟子的默默無聞與孔子的顯赫不可同日而語。孟子地位的決定性改變是在古代社會後期，始於宋代。南宋朱熹編撰《四書集注》時把《孟子》與《論語》、《大學》和《中庸》並稱爲「四書」，奠定了孟子思想的權威地位，《孟子》從此躋身於經典之列。更有甚者，孟子在宋明時期被關注、被提及的次數以及思想被闡揚的程度有時甚至超過了孔子。無論是氣本論者（張載）、理本論者（二程和朱熹）還是心本論者（陸九淵、王守仁），不管是唯物論者、客觀唯心論者抑或主觀唯心論者都對孟子表現出濃厚的興趣，致使孟子的光彩甚至蓋過了孔子。孟子開創的內蘊以道德完善來與天合一的儒家模式被宋明理學家所推崇，朱熹乾脆把以仁爲核心的倫理道德奉爲天理、作爲哲學的宇宙本原和第一範疇。孟子的基本觀點和命題——盡心、養心、存心和求放心被一再提起、奉為圭臬，以至於孟子開啓的主觀唯心主義路線成為「顯學」，出現了以心為本體的哲學流派——陸王心學。孟子把仁義禮智歸於人心的性善說更是佔領了宋明理學的學術陣地，無論張載、朱熹的雙重人性論，還是王守仁的致良知學說都有「四心」性善的影子，都是對孟子人性理論的致意。

在近代，孔子與孟子的地位和命運更是出現了戲劇性的顛覆。與孔子聲譽的一落千丈、成為眾矢之的境地形成強烈反差的是，孟子的地位驟然倍增。即使撇開五四時期「打倒孔家店」給孔子造成的尷尬不提，鴉片戰爭至五四運動之前的近代哲學思想家尤其是維新派的嚴復、梁啓超以及革命派的章炳麟等人對孟子心學的推崇備至也遠非孔子所能企及。康有為把孔子包裝成「託古改制」的祖師爺、為自己的變法維新尋找理論根據，並且著有《論語注》，其哲學核心範疇仁不無孔子的思想要素。儘管如此，撐起他的博愛哲學脊樑的仁、不忍人之心無論是對其理解還是理論走勢顯然更傾向於孟子。《孟子微》是康有為哲學的基本脈絡。如果說康有為還是兼顧孔子和孟子的話，那麼，在其高足梁啓超那裡，孔子雖然被尊為與創立佛教的釋迦牟尼、締造美國的華盛頓比肩的英雄豪傑即文化名人，但是，孔子的哲學思想並沒有引起梁啓超的足夠興致；相反，他把繼續孟子思想的陸王心學說成是中國文化的千古學脈，孟子的心學則是其研究和吸取的不盡源泉。

孔子、孟子不同的歷史命運以無可辯駁的事實反襯乃至證明了兩人思想的差異性。孟子在宋明理學和近代被推崇的主要原因是通過對心的重視而對人的主體力量的弘揚。宋明時期，儘管信奉的宇宙本原各異，然而，張載、朱熹和陸王都依循基於主觀唯心主義路線、以道德完善與天合一的天人合一的模式展開本體哲學、認識哲學和人性哲學，並在盡心、大心的前提下堅守修養方法和認識途徑的合二為一。至於宋明理學家堅持的主觀唯心主義則是他們與近代哲學家從孟子那裡獲得的共同的遺傳基因。

第二十二章　「物物者非物」與老莊哲學比較

「物物者非物」在《莊子》中有兩處表述，一處是「物物者非物」(《莊子・知北遊》)。另一處的具體表述與此處略有差異，基本思想卻別無二致。這句原話是：「物物者之非物也。」(《莊子・在宥》) 學術界給莊子哲學定性，往往習慣於援引「物物者非物」這句名言，並把之翻譯爲物質性的宇宙萬殊只能派生於非物質性的精神存在，並且斷言這是典型的唯心主義命題。學術界選取「物物者非物」來判斷莊子哲學性質的做法是明智的，因爲這一命題是莊子哲學的最佳切入點和關鍵處。令人遺憾的是，由於對「物物者非物」理解的偏頗，不能窺探莊子哲學的精髓。事實上，「物物者非物」不僅展示了莊子哲學的獨特意蘊和思想主旨，而且從一個側面展示了莊子與老子哲學異同互見的思想關係。

第一節　「物物者」與道之別名

「物物者非物」的主語是「物物者」。在莊子哲學中，「物物者」又稱「造化者」，指宇宙萬物的本原，也就是道。作爲莊子哲學特有的概念和術語，「物物者」是莊子對道不同於老子的稱謂。因此，瞭解「物物者非物」要從道的規定性以及道的別名說起。

老子、莊子建構的道家哲學在本體哲學領域具有兩個共同特徵：一是奉道爲宇宙本原，一是強調道對語言的排斥。把道說成是宇宙間的最高存在是判定道家身份的哲學條件，老子、莊子對道的本原地位堅信不疑，這是兩人被冠名道家身份的通行證之一；如果說第一點即奉道爲宇宙本原並非道家專利的話，那麼，宣稱道對語言的排斥則是先秦道家——老子和莊子的獨有觀點，這是兩人之間的默契和共識。

在先秦，道家與法家均奉道爲宇宙本原，而與推崇天的儒家、墨家漸行漸遠。儘管如此，道家和法家對作爲宇宙本原的道與語言關係的認識相去甚遠，因爲韓非等法家人物並不像老子、莊子那樣強調道的不可言說。在道家後續的發展中，道教和玄學儘管繼承了先秦道家——老子、莊子的思想，卻對語言把握道的無能爲力保持緘默，玄學家王弼甚至大講言意之辨。在王弼的論述中，雖然得意忘形、得意忘言，但是，言作爲得意的必要條件和工具不可逾越，有其固定因而不容置疑的作用和價值。大而言之，在中國哲學史上，強調宇宙本原（道）與語言殊絕的只有老子、莊子代表的先秦道家。這是兩人標誌性的哲學觀點。老子、莊子宣稱道對語言的排斥主要出於兩個原因：一是對道的特徵的規定，二是對語言的看法和認定。

在老子、莊子看來，道沒有任何規定性，因而不可命名或言說。對此，老子一再強調：

> 道之爲物，惟恍惟惚。惚兮恍兮，其中有象；恍兮惚兮，其中有物。窈兮冥兮，其中有精。（《老子・第 21 章》）
>
> 視之不見，名曰夷；聽之不聞，名曰希；搏之不得，名曰微。此三者不可致詰，故混而爲一。……是謂無狀之狀，無物之象。（《老子・第 14 章》）

循著這個邏輯，既然道無形無象、無聲無臭，沒有任何規定性，那麼，人們就無法用名字去稱謂或用語言來描述道。正因爲如此，《老子》開頭第一句話即說：「道可道，非常道；名可名，非常名。」（《老子・第 1 章》）有鑑於此，老子堅持道不可言說、不可命名，斷言「道常無名」（《老子・第 32 章》）、「道隱無名」（《老子・第 41 章》）。與老子懷抱相同的心態，莊子恪守道不可命名、不可言說和不可傳授：

> 夫大道不稱，大辯不言。（《莊子・齊物論》）
>
> 道昭而不道，言辯而不及。（《莊子・齊物論》）
>
> 夫道有情有信，無爲無形；可傳而不可受，可得而不可見。（《莊子・大宗師》）

老子、莊子均認定語言本身具有致命的缺陷，故而對道無能爲力。正是在這個意義上，老子一而再、再而三地聲稱：

> 信言不美，美言不信。善者不辯，辯者不善。（《老子・第 81 章》）
>
> 大巧若拙，大辯若訥。（《老子・第 45 章》）
>
> 知者不言，言者不知。（《老子・第 56 章》）

在老子那裡，既然語言之眞、之美令人不敢恭維，那麼，放棄語言而不言似乎成了明智的選擇。莊子指出，語言充其量只能描繪物之粗，而不能表述「物之精」。對於道，語言更是捉襟見肘；道不可名、不可言，並且不可授。語言無法爲道命名、言說或講授（表達或描述等），說明道與語言之間沒有同一性。

進而言之，老子、莊子對語言的貶低是導致道之別名滋生的重要原因之一。這與同樣推崇道爲宇宙本原的韓非哲學相比便可一目了然。以天爲本原的儒家和墨家以及陰陽家、名家等除了墨子把天稱爲「上帝」（意即高高在上的統治者）之外，很少以別名稱謂宇宙本原。與此不同，老子、莊子極力宣稱道不可名和不可道，卻又禁不住不約而同地道不可道之道，否則也就沒有後人看到的兩人的哲學了。老子、莊子這樣做的結果是，與當初宣稱道無名、拒絕用語言給道命名的初衷適得其反，兩人對道的言說使道別名迭出。之所以如此，原因在於：道本身不可命名，爲了說明道必須用一個名稱去指示或稱謂它——即使明知這種做法不恰當也別無選擇。因此，爲了側重道某一方面的屬性或功能，就可能用其他的、不同的名字來說明它。更有甚者，從邏輯上說，因爲道沒有名，哪個名稱對於道都不合適。這使其他所有的名都有了可能性。

上面的介紹表明，物極必反。老子、莊子斷言道無名的結果不僅沒有杜絕道之名，反而導致了道的多名，使道擁有了諸多的別名。老子在「吾不知其名，字之曰道，吾強爲之名曰大」（《老子・第 25 章》）的名義下，稱道「名曰大」。此外，道又名曰無、無名、母、玄和門等等。在老子用以稱謂或形容道的諸多別名中，最著名的是「無」。與此相關的是，「天下萬物生於有，有生於無」（《老子・第 40 章》）成爲老子哲學的核心命題。之後，「有生於無」成爲道家乃至魏晉玄學家共同關注並且津津樂道的核心話題。與老子相似，莊子在肯定道不稱、不言和不辯的同時，也賦予道以諸多別名——如「造化者」、「無有」、「天門」、「一」和「物物者」等等。其中，最具莊子哲學特色的便是「物物者」，這注定了「物物者非物」對於莊子哲學的至關重要性。

顯而易見，老子、莊子否認語言可以指稱、描述和把握道的宣言如出一轍，在否定道可以命名的前提下增加道的諸多別名的做法別無二致。不僅如此，兩人對道的別稱有諸多相似甚至重合之處。例如，莊子稱道爲「無有」與老子釋道爲「無」密切相關，稱道爲「天門」是受了老子「玄之又玄，眾妙之門」（《老子・第 1 章》）的啓發，道「一之所起，有一而未形」（《莊子・天地》）的觀點顯然與老子在「道生一，一生二，二生三，三生萬物」（《老子・第 42 章》）的表述中對「一」的重視和凸顯有關。此外，「無名」則是老子、莊子之道的通用名。

語言、概念負載著意義和信息。老子與莊子關於道的這些相似或相通的別稱不僅展示了兩人哲學的相似性，而且從一個側面重申了道家的一貫主張，從而顯示出區別於諸子百家的特色觀點：道無形無象、超言絕象，不同於具體事物的有規定性，因而稱「無」或「無有」；道是萬物的根源和由來，是萬物出生入死之門徑，故而稱「門」，猶說出口處一般；道作爲天地萬物的本原，使宇宙萬殊統一、一致，故而稱「一」。不難想像，「無」就道與萬物的差別而言，「門」就道對萬物的派生而言，「一」就道對萬物的作用而言，儘管立論的角度不同，卻都是對道的說明和規定。

進而言之，道的別名既突出了老子、莊子哲學的共同點，又使兩人哲學的差異初露端倪。通過對道之別名的不同側重可以看出，老子強調道的無形無象，以道的存在方式和道與萬物的區別爲立論根基，著重回答道是什麼以及是什麼使道具有了宇宙本原的資格等問題。正因爲如此，「無」首當其衝地成爲老子哲學的核心概念。莊子側重道產生萬物的功能和過程，著重回答道爲什麼是本原（即道怎樣成爲本原——因爲產生了萬物）等問題。正因爲如此，莊子哲學的核心概念是「物物者」。就精神意蘊和具體內容而言，「物物者」之「非物」、「不物」的眞正含義是道具有不同於具體事物的形態、聲音或名稱等，這即是「無」。在這個意義上，稱道爲「無」與稱道爲「物物者」並沒有實質區別。換言之，在對「物物者非物」的表達中，莊子重申了老子視道爲「無」、視物爲有的有無之辨或宇宙本原與世界萬殊之別。這意味著道無形是「物物者非物」的題中應有之義。在這個話語結構中，「物物者」與具體事物——「物」不同，前者是「非物」，後者是「物」。顯然，A 不是 B，A

具有不屬於 B 的屬性或功能。從這個意義上說，莊子對道與萬物關係的理解與老子把道視爲「無」以別於有形有象的具體存在別無二致。除此之外，「物物者」還有一層意思，這是老子所講的道之「無」所沒有的，那就是：作爲「物物者」的「物物」的功能和過程。「物物者」揭示，道是派生萬物的根源，前一個「物」是動詞，指造化、造物過程或動作；後一個「物」是名詞，指道所造化之物。在這個意義上，「物物者」又稱「造化者」。可見，「物物者非物」的前一層意思突出道與萬物的區別和對立，與「無」異名而同實，體現了莊子與老子之道的一致性；後一層意思著眼道與萬物的聯繫和統一，體現了莊子對道有別於老子的界定和理解。這預示著老子與莊子對道別名的運用和選定不僅具有術語、概念等話語結構和言說方式之差，而且兼具致思方向和價値旨趣之異。

弄懂了道的特點和別名，便找到了理解「物物者非物」的大背景。「物物者非物」的字面意思是：萬物的本原不同於萬物本身，這猶如父子有別、父親不是兒子一樣。從中既推不出父親是誰，也推不出世界本原不是物質而是精神性存在的結論。如此說來，把「物物者非物」理解爲派生世界萬物（物質）的東西一定不是物質性的（物）帶有很大的臆想成分。這句話只說派生世界萬物的「物物者」不具有（「非」）萬物（「物」）的屬性，至於「物物者」如何「非物」、「物物者」與「物」究竟有哪些不同（即如何「非」），則不是這個命題所涵蓋的。就「物物者非物」而言，它傳遞的信息是：道只有「非物」（即具有不同於物的屬性和功能），才能成爲「物物者」。這套用《莊子》的話語結構便是：「物而不物，故能物。」（《莊子・在宥》）照此說法，「物物者」不是物（不具有物的特徵和性狀），才能不被物所局；正因爲不被外物所侷限，所以才能「物物」。「物而不物」是道成爲「物物者」的前提條件和秘密所在。

第二節　「物物者非物」與道和萬物的關係

上述分析顯示，在老子、莊子所使用的道的諸多別名中，如果說「無」是老子之道的首選的話，那麼，「物物者」則是莊子之道的最愛。「無」與「物物者」之稱不僅反映了兩人對道的不同理解，而且體現了對道與萬物關係的不同釐定。

具體地說，在老子之「無」的框架和視界中，道無形無象、無聲無狀、無名無爲，便爲「無」；萬物有形有象、有名有爲，便爲「有」。老子偏愛用「無」表示或稱謂道，是就道的存在方式和屬性特徵而言的，側重道與萬物的區別：道沒有形象、沒有現象（即「無狀之狀，無物之象」），萬物有形有象；道沒有聲音、看不見、聽不到、抓不著，萬物可以被看見、聽到或抓住；道不可道而無名（正是在這個意義上，「無名」成爲道的別名），萬物則有名。一言以蔽之這些差異，就是道沒有任何規定性，因而稱爲「無」。當然，「無爲而無不爲」也是稱道爲「無」的題中應有之義。

莊子對道的稱謂帶有某些「無」的印記，除了「無名」與老子對道的稱呼相吻合、也表示道不可言說和沒有恰當的名稱之外，莊子還習慣於把道稱爲與「無」有關的「無有」。在對道爲「無」的界說中，莊子始終讓有緊隨無後。莊子的這一思想傾向在下面的引文中即可略見一斑：

> 泰初有無，無有無名。一之所起，有一而未形。（《莊子・天地》）
>
> 天門者，無有也。萬物出乎無有。有不能以有爲有，必出乎無有，而無有一無有。（《莊子・庚桑楚》）

莊子的這一做法和表述方式意味深長，別用之心和言外之意在於，試圖彌補老子之「無」由於過分凸顯道與萬物的區別而造成的二者之間的割裂，從而使二者統一起來。「一無有」試圖將道與萬物連接起來，證明道不僅有無，而且有有。莊子的這個意圖在「物物者非物」那裡得到印證和彰顯。換言之，老子對道爲「無」的稱謂和說明已經表露出道與萬物的分離，莊子對道「一無有」的稱謂則將道與萬物聯繫起來，因爲道本身即包含著有——有是道的一部分。這表明，「無有」與「物物者」一樣，既體現了道與萬物的區別，又昭示著二者之間的聯繫。

在老子那裡，稱道爲「無」既然僅僅表明道有別於萬物，便不能直接證明道派生了萬物，道與萬物之間缺乏直接的統一和邏輯貫通。所以，對於老子來說，最緊迫的問題不是道派生萬物而是道如何能夠派生萬物。或許意識到了這個問題，老子講道生萬物時，在道與萬物之間加了一、二、三等諸多環節和中介。沿著這個思路可以發現，老子講道生萬物不如莊子把道稱爲「物物者」來得簡捷、明快和直接。其實，這不惟是表達方式的問題，更是思維方式和思想內容的問題。與此相關，莊子不是刻意回答道能否生物、道如何生物，而是著重回答道派生了何物。「物物者」的道不僅含有「物物」的可能性，而且具有「物物」的事實性。當道被稱爲「物物者」時，能否派生萬物——「物物」的問題已經不是問題了。「物物者非物」傳遞了這樣的訊息：道是「物物者」，「非物」的屬性使道具有「物物」的功能。這就是說，道要成爲「物物者」必須在物被物之後，只有把物物出，道才能成爲眞正意義上的「物物者」。這說明，作爲一種存在，道不是完滿自足的。儘管莊子強調道的優先性，如道「自本自根，未有天地，自古以固存；神鬼神帝，生天生地；在太極之先而不爲高，在六極之下而不爲深，先天地生而不爲久，長於上古而不爲老」（《莊子・大宗師》），然而，道是一種實體存在，更是一種對象性的存在。道只有使自己與物融爲一體、體現於具體事物時，才使自己的本質得以顯露，從而獲得具體規定性。這就是說，道與其所物之物是一種互動關係：前者造化、創生後者，後者呈現、生成前者。於是，莊子寫道：「物物者與物無際，而物有際者，所謂物際者也。不際之際，際之不際者也。」（《莊子・知北遊》）這就是說，物與物之間是有界限的，所謂的界限是就物與物而言的。與此不同，道與物之間沒有界限，道即體現在自己所物的萬物之中。

老子稱道爲「無」使道與萬物分離的後果是道先於天地萬物而生，於是便出現了完全與萬物分離的道。這用他本人的話說便是：

有物混成，先天地生。（《老子・第 25 章》）

吾不知誰之子，象帝之先。（《老子・第 4 章》）

在這個視界中，道與萬物之間在邏輯上有不可逾越的本末關係，由此衍生出時間上的先後關係。反過來，道在時間上的優先性證明了它的宇宙本原和萬物本原的資格。所以，老子對道脫離萬物的優先存在極其重視。不僅如此，爲了保持道高高在上的優越性，即使在道派生萬物之後，老子仍然強調道「寂兮寥兮，獨立而不改」（《老子・第 25 章》），以此強化和固定兩者之間的分離關係。正是在這個意義上，他一而再、再而三地斷言：

生而不有，爲而不恃，成功不居。（《老子・第 2 章》）

生之畜之，生而不有，爲而不恃，長而不宰，是謂玄德。（《老子・第 10 章》）

道常無爲而無不爲。侯王若能守，萬物將自化。（《老子・第 37 章》）

老子的表述使道「無爲而無不爲」的自然變化在萬物這裡轉化爲離開道

的統轄的「自己變化」。從這個意義上說，老子之道是在本體論層次上立論的。在這層意義上，萬物的任何變化都對道無所損益或影響。

莊子之道「物物者」的稱謂和身份本身即包含著如下涵義：在沒有具體事物之前——在沒有「物物」時，道由於沒有行使自己的權利或沒有履行自己的義務便不能稱爲「物物者」；只有在「物物」之後，道才能成爲名副其實的「物物者」。這表明，道在本質上不能完全脫離具體事物而孤立存在，道展現爲萬物產生和相互轉化的過程——道即世界的呈現過程。這就是說，莊子之道是在發生學或生成論層次上立論的。在這層意義上，道隨著萬物的生死變化而變化。

道與萬物的關係不僅僅表達一種關係，反過來影響道本身的存在和性質。具體地說，過分強調道與萬物的區別勢必割斷道與萬物之間的聯繫和統一，以「無」著稱的老子之道在本質上只能是靜止的、恒常的存在。老子對道的表述用了「恒」、「久」等字眼，除了表示時間的長久之外，無疑具有永恆不變的意圖。其實，老子之道對萬物的派生是一勞永逸的，道的存在本身是萬古不變、恒常如一的。正是基於道的這一特徵，以宣揚與世無爭著稱的老子卻在人法道的立場下懷抱強烈的長久願望。莊子以「物物者」界定的道必然隨其所物之物的變化而變化，「物物者」的身份使道成爲一個過程。莊子強調：「一而不可不易者，道也。」（《莊子・在宥》）對道的這個界定恰與「無有一無有」相吻合。兩者相互印證，共同指向一個結論，那就是：道==無+有，即萬物產生之前的無形階段和萬物產生之後的有形階段都屬於道的範疇，道便是二者之和。在這個意義上，老子和莊子之道在存在方式和本質特徵上具有靜與動之別。

就道的功能和作用方式而言，老子之道側重功能。儘管如此，由於道與萬物的疏隔、沒有道派生萬物的過程證明，道生萬物的功能在老子哲學中始終停留在潛在的可能性上——可能派生萬物，也可能沒有去生物。老子在價值觀上推崇靜，宣稱「靜爲躁君」，並且斷言「夫物云云，各歸其根。歸根曰靜，靜曰覆命」（《老子・第 16 章》）。儘管如此，他並不完全否認道本身是變化的。相反，老子認爲道「周行而不殆」（《老子・第 25 章》），所以才有「反者道之動」（道沿著相反的軌跡運行）的著名論斷，並成爲他的辯證法思想的形上支撐。儘管如此，老子把變化、運動視爲道的特點，而非道的本身。莊子之道著重於過程。具體地說，莊子儘管以「物物者」稱謂道與老子一樣強調道的運動變化，然而，他卻不是把變化視爲道的外在規定，而是將變化奉爲內在本質和存在方式，進一步說成是道的本身。莊子宣稱:「通天下一氣耳。」（《莊子・知北遊》）把道視爲一個過程是莊子的獨特之處。

通過上面的介紹可以看出，老子之道本質上是靜的，莊子之道是變化不已的過程，動才是其本眞狀態。然而，饒有趣味甚至有些不可思議的是，在後人對兩人哲學的論述和評價中，往往稱讚老子有豐富的辯證法思想，如大小相生以及從量變到質變的飛躍、對立面的相互轉化以及「反者道之動」的否定之否定等；與此同時，對莊子的變易思想隻字不提，甚至視其爲形而上學（與辯證法對立的方法論意義上的）的典型。老子、莊子對道的上述詮釋或許可以動搖上述評價。由於道與具體事物的分離，「反者道之動」成爲空洞的抽象。被譽爲老子辯證法核心命題的「合抱之木，生於毫末；九層之臺，起於累土；千里之行，始於足下」（《老子・第 64 章》）以及「天下皆知美之爲美，斯惡已；皆知善之爲善，斯不善已。故有無相生，難易相成，長短相形，高下相傾，音聲相和，前後相隨」（《老子・第 2 章》）等等是就形而下的具體事物而言的，並非指形而上的宇宙本原。

第三節　「物物者非物」與人和動物的關係

基於古代哲學的思維方式和價值取向，老子、莊子對道與其派生物的關係都強調道是本原，萬物是第二性的存在，二者之間是派生與被派生的關係，其間的地位和價值不容混淆。在這個視界中，人屬於後者；作爲道的派生物，人與道無疑不是同一層次的存在——前者隸屬於、受制於後者。這一點在老子或莊子那裡均是如此。於是，老子云「人法地，地法天，天法道，道法自然」（《老子・第 25 章》），《莊子》曰「何謂道？有天道，有人道。無爲而尊者，天道也；有爲而累者，人道也。主者，天道也；臣者，人道也。天道之與人道也，相去遠矣，不可不察也。」（《莊子・在宥》）一個讓人效法道、因循自然，一個主張以天道主宰人道。兩人說的是一個意思，歸根結底都是讓人從屬於、服從於道。

在老子和莊子的哲學中，道與萬物和人與道的關係涇渭分明、不容顚倒，這是不容置疑的。那麼，人與道所派生的其他存在是什麼關係？換言之，就道所派生的萬物（包括人、動植物和非生物等）而言，其間的關係如何？在這個問題上，「物物者非物」再次挑起了莊子與老子的分歧。

老子認爲，人與萬物一樣源於道，與萬物卻並非平等關係，宇宙間的存在按照道→天→地→人→物的尊卑、先後程序依次展開。這既是邏輯上的時間先後，也是價值上的輕重貴賤。這表明，老子儘管讓人屈服於道和天地，然而，他卻強調人在宇宙中的特殊性。這用老子本人的話說便是：「故道大，天大，地大，人亦大。域中有四大，而人居其一焉。」（《老子・第 25 章》）有人認爲，引文中的人字應該是王字。其實，人也好，王也罷，總之都是人，並不影響老子對人在宇宙中的位置以及人與道的關係的總體看法，在此不再贅述。可以肯定的是，在老子設定的這個等級層次中，人比不上道、天地之尊貴，卻也不同於天地之間的萬事萬物（各種動物、植物或非生物等），因而被歸爲「四大」之一。在老子那裡，儘管是對道「強之曰」的結果，然而，作爲道的別名之一，「大」有尊貴之意。因此，當人被併入「四大」時，老子已經把人與萬物安插在不同的等級系統中了，凸顯的是人與萬物的區別而非平等。

莊子的「物物者非物」把宇宙間的存在一分爲二：一種是「物物者」（「非物」），另一種是物；前者是本原，後者是派生物。「物物者」所物之物與第一性的、形而上的道相對應，廣而言之包括宇宙萬殊，精而言之特指人和動物。對於「物」，《莊子》有云：「凡有貌象聲色者，皆物也，物與物何以相遠！」（《莊子・達生》）由此可見，「物」是「有貌象聲色」者，符合這一條件的，應屬於非生物或植物之上的存在。正因爲如此，莊子在談論物時，中心是動物和人。一方面，在「物物者」是「非物」的層次上，莊子側重宇宙本原與其派生物（包括人）之間的區別，與老子的有無之辨基本同義。另一方面，與「物物者」所物之「物」息息相通，莊子彌合人與動物的界限，與老子對兩者關係的理解相去甚遠。具體地說，「物物者」所物之物同時兼指且主要指人和動物，「物」的這種特定外延在遮蔽其他存在物的同時，模糊了人與萬物的區別，進而在人與道的其他派生物的平等中凸顯人與動物的平等。在莊子那裡，人與動物都是「物物者」的傑作，作爲「物物者」所物之物，從道物的程序和高度來看，人與動物具有相同的出身和價值。從這個意義上說，人是動物，動物也是人。對於人來說，生也天行，死也物化，人與動物處於相互轉化之中。

結果是，與老子相比，莊子不再凸顯人有別於世界萬物的特殊性。因此，在莊子對道的變化軌跡和世界圖景的描繪中，人被淹沒在各種動物乃至植物的汪洋大海之中：「種有幾，得水則爲㡭，得水土之際則爲蛙蠙之衣，……烏足之根爲蠐螬，其葉爲胡蝶。胡蝶胥也化而爲蟲，生於竈下，其狀若脫，其名爲鴝掇。鴝掇千日爲鳥，其名爲乾餘骨。乾餘骨之沫爲斯彌，斯彌爲食醯。頤輅生乎食醯，黃軦生乎九猷。瞀芮生乎腐蠸，羊奚比乎不箰，久竹生青寧，青寧生程，程生馬，馬生人，人又反入於機。」（《莊子·至樂》）莊子對人之特殊性的漠視拉近了人與道所派生的其他存在物之間的距離，剝奪了人在第二性的存在中的特殊性。在此基礎上，他對「物」的特殊規定則在萬物之中抽掉了人和動物之外的其他存在，進而使人與動物合一。「物物者非物」在指出人也是動物的同時，表明了莊子漠視人的特殊性的宏觀背景和理論初衷。

關係不僅僅歸結爲關係，而且影響著關係的實體本身。莊子關於人與動物平等的觀點既影響了他對人的看法，又改變了他對動物的態度。

首先，對於人的存在和生命，莊子認定生死不由自主，一切都迫於道的變化和作用，人對自己的生死無能爲力。這就是生命的眞相。更有甚者，與道的無限相比，人的生命如白駒過隙一般轉瞬即逝，簡直微不足道、不值一提。是動物以及動物與人的關係使人的存在以及人的生命發生了轉機。既然人從動物（馬）變化而來，便意味著動物是人的最初形態；既然動物是人的最初形態，那麼，人的存在便不應該從人形顯現爲始，而應該追溯到物的狀態。這就是說，未成人形的階段是人最初的本眞狀態，人形消失的死亡狀態不是人的完結，而是人向原初階段——本眞狀態的復歸。有鑑於此，莊子對生死的界定標誌著對人生本質的全新洞徹。在這方面，與荀子等人宣稱「生，人之始也；死，人之終也」（《荀子·禮論》）不同，莊子斷言：「生也死之徒，死也生之始，孰知其紀！人之生，氣之聚也。聚則爲生，散則爲死。若死生爲徒，吾又何患。故萬物一也。」（《莊子·知北遊》）由此可見，荀子以生爲始，莊子以死爲始，稱謂截然相反。其實，這不僅僅是稱謂的不同——生死之間前後順序的顚倒，而是流露出對生死本質的不同感悟：根於人與萬物截然不同的界限，荀子以人之出生到死亡爲生，以死亡爲人之軀體的根本消逝，故有生始死終之說。奠基於人與萬物一體、人與動物的相互轉化之上，莊子認爲，人之生從動物開始、對於人之未形的狀態是一種否定，可謂之死；人之死復歸於未生狀態，又是對人形的否定。對於人來說，死爲生之始，生與死相伴。這用莊子本人的話說便是：「萬物一府，死生同狀。」（《莊子·天地》）

莊子進而指出，明白了「有乎生，有乎死；有乎出，有乎入。入出而不見其形，是謂天門」（《莊子·庚桑楚》）的眞相，便可以臻於視「死生存亡之一體者」、「死生一條」或「有無死生之一守」的覺悟境界，從而不再計較生命的長短或死生之別。只有不計較生命的長短或生死之別，與動物聯爲一體，合二爲一，眞正投入到與動物的生死轉化之中，人才能眞正超越生死。換言之，只有在與各種動物的相互轉化中，人才能從有限臻於無限。這就是說，與動物的相互轉化是人的唯一歸宿，也是人超越生死的不二法門。正是在這個意義上，莊子每每重申：

> 特犯人之形而猶喜之。若人之形者，萬化而未始有極也，其爲樂可勝計邪？故聖人將遊於物之所不得遁而皆存。（《莊子·大宗師》）
>
> 彼方且與造物者爲人，而遊乎天地之一氣。……假於異物，託於同體；忘其肝膽，遺其耳目；反覆終始，不知端倪。（《莊子·大宗師》）
>
> 物之生也，若驟若馳。無動而不變，無時而不移。何爲乎，何不爲乎？夫固將自化。（《莊子·秋水》）

循著莊子的邏輯，從道的高度看，人與萬物均爲「造物者」所造之物，其間相去不遠；從道的流程看，人形只是人的暫時形態，非人則是人的本眞和原始狀態。因此，人若迷戀於人形便是不明天道，這是愚蠢可笑的。人若達於大道，由有限達到無限，唯一的途徑就是「假於異物，託於同體」。「異物」與「萬化」一樣，都指動物以及人與動物的相互轉化，「同體」即視道爲人與萬物的共同母體。

其次，在人與動物的關係中理解人的存在和生命眞相的同時，莊子對物進行了嶄新的界定。莊子肯定「物物者非物」和人與動物平等思想的直接後果，便是動物與人一樣成爲主體、主人和主角。《莊子》以動物開篇，第一句話就是「北冥有魚」。這使動物捷足先登，成爲第一個出場的主角。在後續的闡釋和論述中，動物在《莊子》中大量出現，不僅數量可以與實有的、虛構的各色人物相抗衡，而且肩負起喻人、示人和教人的重任。這一切共同證明，《莊子》中的動物與人平分秋色，它們的眞實身份是主角、主體和主人。基於對動物的身份定位，莊子在論述他的哲學觀點時把各種動物從居住、飲食到審美等方面的本能考慮在內，尊重動物的發言權，由此推出了相對主義的認識主張。他寫道：

> 民濕寢則腰疾偏死，鰌然乎哉？木處則惴慄恂懼，猨猴然乎

> 哉？三者孰知正處？民食芻豢，麋鹿食薦，蝍蛆甘帶，鴟鴉耆鼠，四者孰知正味？……麋與鹿交，鰌與魚游。毛嬙麗姬，人之所美也；魚見之深入，鳥見之高飛，麋鹿見之決驟，四者孰知天下之正色哉？（《莊子・齊物論》）

這個結論看似荒誕不經，對於莊子來說卻合情合理。道理很簡單，既然動物與人一樣是認識、價值和判斷主體，那麼，動物便具有與生俱來的認識、判斷和生存權利。正因爲如此，人必須也應該尊重動物，而不應該單憑自身的判斷和認識來進行獨斷。如此說來，相對主義是莊子人與動物平等觀念在認識哲學和價值哲學領域的必然結論。

在莊子哲學中，人與動物的關係影響著對人、對動物的看法，對人、對動物的看法又反過來促成了人與動物之間全新關係的生成。這就是說，既然人和動物都是主體，那麼，人便失去了獨斷權；沒有獨斷權的人應該也必須在與動物的平等相處中不僅尊重動物的本性，而且要從動物的立場爲動物謀劃。一言以蔽之，主體的多元化決定了人類中心主義非也。

進而言之，莊子所講的人與動物的平等不僅取決於「物物者非物」和對物的界說，而且受制於濃鬱的動物情結和素樸無知無欲無情的審美情趣、價值取向。道家崇尚自然無爲，反對知識、技巧和欲望對本性的破壞。爲此，老子教導人復歸於赤子、嬰兒，以保持心中無欲素樸；莊子則走得更遠，讓人模仿、同於動物。大致說來，中國古代哲學家所宣布的人的優越性或者源於宇宙本原對人的格外觀照和偏袒（如董仲舒），或者基於人具有知識、意識或道德觀念（如孟子、荀子或王充等）。這兩點在莊子看來都難以成立。就第一點——宇宙本原對人的觀照而言，莊子對道變化軌跡的描述已經明確否定了這種可能性；就第二點——人具有知識、意識和道德觀念而言，由於追求淡泊素樸，莊子提倡無知、無欲、無情、無心的人生態度和處世原則。對於這樣的人生來說，知不僅不是人賴以自豪的資本，反而成爲人不能保持天然本性的禍根。在這方面，無知的動物反而比人更有優勢。沿著這個思路，莊子號召人們以動物爲師，並且斷言聖人之所以超凡脫俗、成爲聖人，秘密就在於：聖人模仿動物的生存方式。基於這種認識，他聲稱：「夫聖人，鶉居而鷇食，鳥行而無彰。」（《莊子・天地》）在這裡，莊子以動物喻人、示人和教人的初衷以及對聖人模仿動物成爲聖人的成功許諾流露出鮮明的價值追求和人生取向，使他的人生哲學呈現出模仿動物的仿生哲學的意向和旨趣。

第四節　莊子與老子哲學比較

在中國古代哲學中，天人合一的思維方式和價值取向決定了宇宙本原的極端重要和特殊地位。作爲整個哲學體系的濃縮和精華，哲學家所尊奉的宇宙本原是解開他的全部哲學的鑰匙；把握了某種哲學的宇宙本原，也就找到了解讀這種哲學的正確門徑。作爲對宇宙本原的表述和核心命題，「物物者非物」對於莊子哲學便擁有這種作用和意義。上述分析從道與別名、道與萬物和人與萬物三個層面凸顯了莊子哲學的具體內容和思想意蘊，不僅顯示了莊子有別於老子哲學的造詣和運思方式，而且解釋了莊子哲學的一系列重大問題。

對於莊子與老子哲學之間的聯繫和區別，學術界流行的普遍看法是：莊學是老學的直接繼承者，由於對老子之道進行了虛無化的消極發揮，反映出極端悲觀、厭世的情緒和心態。對「物物者非物」的分析和審視表明，莊子哲學一面表現出與老子哲學的一致性，即對道的追求和強烈的形上意識，一面流露出與老子哲學迥異其趣的獨特意蘊和思維向路，即突出道生成形而下之物的過程。正是由於這個原因，在莊子那裡，由於道的對象性的存在，形而上的道擁有了某種程度的形而下的規定——儘管莊子本人或許沒有意識到這一點。這從一個側面表明，莊子之道乃至莊子哲學與老子相比不是虛化了而是實化了。莊子對物所做的人與動物的觀照表明，他談生死不是厭生惡生也非樂死好死，而是基於道之變化、人之生命眞相的智慧洞察和豁達選擇。其中，超越生命侷限達到無限以及對人生自由的渴望和追求不言而喻。

在凸顯老子、莊子哲學差異的同時，「物物者非物」體現並完成了先秦道家理論重心的轉移。老子側重對道的形上描述和觀照，道與物一分爲二的思維方式使他的哲學分爲形而上之道與形而下之物（即政治哲學或統治方略）兩個部分。在具體論述時，老子關於前者主要側重道之特點，關於後者主要突出人對道的模仿和效法（即通過層層傳遞，最終歸結爲「人……法道，道法自然」）。不難發現，老子哲學的這兩個部分之間缺少必然的內在統一性。「先天地生」之道已經表明存在著道與人分離的階段，道派生萬物之後對萬物的「生而不有，爲而不恃」更爲萬物（包括人）的自我行事留下了餘地。既然如此，人爲什麼非要傚仿道呢？這就是說，人法道、傚仿自然在老子哲學中並非不證自明的公理，而是急須證明的前提。對這一理論前提的論證闕如致使老子哲學缺乏內在的邏輯一致性。如果使二者一致、統一起來，除非道具體化為統治之道（即方法、道理或道路之道）。這樣一來，勢必給老子哲學的形上意蘊帶來致命的打擊。在莊子那裡，由於道即展現為「物物」的過程，人作為道所物之物必然要遵循道的自然法則便有了與生俱來的必然性和強制性。這表明，正是「物物者非物」打通了形而上之道與形而下之物的隔絕。莊子之道具有形而上與形而下的雙重蘊涵，這便是莊子把道分為天道與人道兩個方面，進而用天道統轄、主宰人道的動機和目的所在。與此同時，由於道所物之物主要是人和動物，又引申出兩個重要結論：第一，人的出現使莊子的理論重心轉入人生哲學，基於道的造化的人的生死命運問題成為探討的中心議題。第二，人與動物同為物在表明二者血緣近親關係的同時，拉近了二者之間的距離。藉此，莊子找到了人超越生命極限達到永恆的途徑，讓人置身於與動物無窮的轉化過程即是與道合而為一。這不僅解釋了莊子的哲學興趣有別於老子的原因，而且凸顯了莊子並非悲觀而是豁達的心態和思路，並且與他的不悅生、不厭死的齊生死以及相對主義相互印證。

上述內容顯示，透過「物物者非物」，不僅可以直觀感受莊子與老子哲學的差異，而且使莊子哲學的一系列重大問題迎刃而解。例如，為什麼莊子哲學會發生從本體哲學向人生哲學的轉向？莊子的本體哲學與老子相比是虛化還是實化了？莊子的人生哲學究竟是悲觀的還是達觀的？莊子是厭生還是樂生？這些問題構成了莊子哲學的重要方面和內容，對它們的正確理解有助於深刻挖掘莊子哲學，從而還之以客觀、公允的評價。而所有這些疑問，都可以在「物物者非物」中得到解答。